westermann

BAUSTEINE

Spracharbeitsheft **Teil C**

Herausgegeben von
Gabriele Hinze

Erarbeitet von
Björn Bauch, Kirchzarten
Ulrike Dirzus, Iserlohn
Gabriele Hinze, Metelen
Alexandra Isack, Frankfurt
Kerstin Riesberg, Wallenhorst
Romina Stevens, Bramsche

4

Inhalt

Kompetenzen der Seite
Medienbildung

KV – Kopiervorlage
KV Fö/ FO – KV Fördern/Fordern

RS – Trainingsheft Rechtschreibstrategien
Interaktive Übungen

Diese Zeichen findest du in deinen Arbeitsheften:

Nutze dein Heft, um die Aufgabe zu lösen.

Überlege, ob du diese Arbeit
in deinem Portfolio sammeln willst.

Auf diesen Seiten erklärt dir Quiesel,
wie du vorgehst.

W Das sind die Übungswörter des Kapitels.

! In den Merkkästen werden die Fachbegriffe erklärt.

Zusatztexte erkennst du auch an dieser Farbe.

Hallo, ich bin Quiesel.
Ich gebe dir wichtige Tipps!

Aufgaben

- 1 abschreiben, wiedergeben, ausführen
- 1 anwenden, nachdenken, üben
- 1 weiterdenken, forschen, begründen
- 1 Auswahlaufgabe
- 1 Diese Aufgabe kannst du mit einem Partnerkind bearbeiten.
- 1 Gruppenarbeit

Rechtschreibstrategien

- Wörter in Silben schwingen und deutlich sprechen
- Wörter verlängern
- Wörter ableiten
- Nomen großschreiben
- Merken
- Mit Wortbausteinen arbeiten
- Länge des Selbstlautes prüfen

Rätsel zu Kapitel 1: Alles Werbung!?

1 Beantworte die Rätselfragen zum ersten Kapitel.

1 Wer gibt wichtige Lerntipps in jedem Kapitel?
2 Ein modernes Bürogerät mit C.
3 Letzter Punkt der Checkliste für das Werbeplakat.
4 Wie heißt das erste große Kapitel in Heft C? Alles …
5 Bilde aus dem Nomen **Wunsch** und dem Wortbaustein **los** ein Adjektiv.
6 Bei den Übungswörtern auf der Seite 19 steht das **h** an der …
7 Nachschlagen: Wie heißt die Mehrzahl von **das Lexikon**?
8 Wie heißt die Probe mit dem Adjektiv?
9 Bilde ein zusammengesetztes Adjektiv zu **müde wie ein Hund** = …
10 Um welchen Sack geht es in der Radiowerbung?
11 Der Name einer geordneten Buchstabenfolge.
12 Wie nennt man eine Bildergeschichte mit wenig Text?

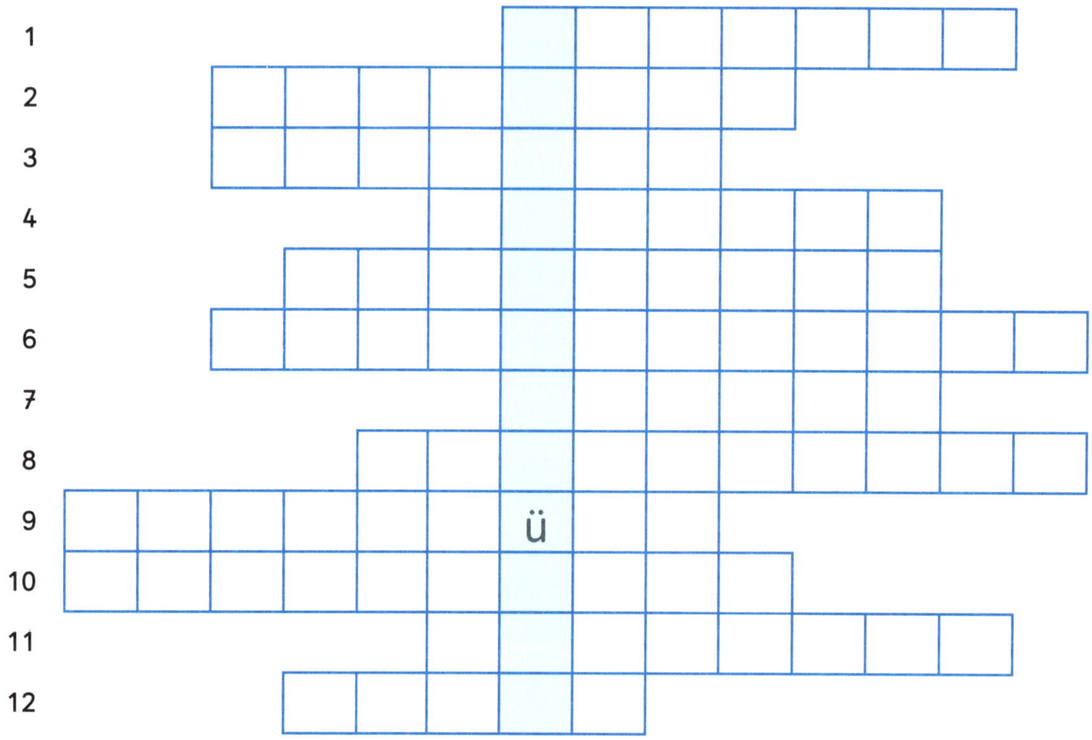

Lösungswort: Über dieses Werbeprodukt unterhalten sich die Kinder:

___ ___ ___ ___ ___ ___ ___ ___ ___ ___ ___ ___

2 Schreibe einen Werbespruch für das Produkt aus der Lösung auf.

____

____

· verschieden Wissenszugänge und Kompetenzen für die Rätselaufgaben nutzen

Rätsel zu Kapitel 2: Natur erleben

1 Beantworte die Rätselfragen zum zweiten Kapitel.

1 Nomen haben ein grammatisches …
2 Die Methodenseite auf Seite 36 ist ein … für Rechtschreibprofis.
3 Nomen können in vier … stehen.
4 Über welche Aktion auf der Seite 27 schreiben die Kinder einen Bericht?
5 Das Korrekturzeichen **T** steht für einen …
6 Sätze kann man mit einem … verbinden.

1													
2													
3													
4													
5													
6													

Lösungswort: ___ ___ ___ ___ ___ ___

2 Suche fünf Wörter mit ai und fünf Wörter mit dt. Markiere sie.

X	D	H	A	I	Y	A	L	T	S	T	A	D	T	X
M	A	I	S	G	K	A	I	S	E	R	N	M	X	S
F	V	E	R	W	A	N	D	T	S	C	H	A	F	T
T	R	V	E	R	W	A	N	D	T	E	C	I	S	A
X	X	T	A	I	F	U	N	X	P	X	K	X	U	D
S	T	A	D	T	T	E	I	L	C	O	S	X	Z	T

3 Schreibe die Wörter geordnet auf.

ai: ______________________________

dt: ______________________________

____

· verschieden Wissenszugänge und Kompetenzen für die Rätselaufgaben nutzen

1 Wo entdeckt ihr Werbung auf dem Bild? Tauscht euch aus.

2 Wo ist dir heute schon Werbung begegnet? Notiere.

____

____

3 Was ist das Ziel von Werbung? Überlegt gemeinsam.

Mit Werbung soll erreicht werden, dass …
Durch Werbung …
Das Ziel von Werbung ist, dass …
Man sollte nicht alles glauben, weil …

Zuhören und auf Gesprächsbeiträge eingehen

1 Worüber sprechen die Kinder?

◯ Ich bin der Meinung, dass das Quieselmüsli wegen der bunten Sprüche häufiger gekauft wird.

◯ Nein, ich habe gemeint, dass die Sprüche sehr lustig sind. Darum wird das Müsli häufiger gekauft.

◯ Du meinst also, dass die bunte Schrift auf der Verpackung die Käufer beeinflusst?

2 Welche Karte passt zu welcher Sprechblase? Tragt die Nummern ein. Tauscht euch aus.

① Meinung äußern ② nachfragen ③ Meinung erklären

3 Warum ist es in Gesprächen manchmal gut, beim Nachfragen die Meinung anderer mit eigenen Worten zu wiederholen? Erklärt.

4 Welches Müsli aus Aufgabe 1 wird häufiger gekauft? Führt ein Gespräch. Haltet euch an den Ablaufplan.

Ablaufplan: Zuhören und auf Gesprächsbeiträge eingehen:
1. **Meinung äußern:** Ich bin der Meinung, dass ...,
2. **nachfragen:** Du meinst also, dass ... Ich habe verstanden, dass ...
3. **Meinung erklären:** Du hast mich richtig verstanden. Ich meine ...
   Nein, das habe ich anders gemeint.

5 Führt ein Gespräch zu einer anderen Aussage:

In der Werbung wird vieles besser dargestellt, als es in Wahrheit ist.

Kinder werden nicht von Werbung beeinflusst.

· eigene Meinung ausdrücken
· verstehend und aktiv zuhören
· Hörstrategien kennen und nutzen

· KV: 95, 96

Ein Werbeplakat planen

1 Die Kinder formulieren ihr Schreibziel für ein Werbeplakat.
Verbinde die Fragen mit den passenden Antworten.

Für wen?	Werbetricks nutzen: Werbespruch, Bilder, auffällige Gestaltung
Was schreiben wir?	Wir wollen auf unsere Produkte aufmerksam machen und diese verkaufen.
Was möchten wir erreichen?	für alle Besucher auf dem Schulfest
Wie können wir unser Plakat aufbauen?	ein Werbeplakat über unser Gemüse und unsere Kräuter aus dem Schulgarten

2 Schreibe auf, was man unter Werbetricks versteht:

____

3 Wie haben die Kinder ihr Plakat gestaltet? Prüft mit der Checkliste.
Tauscht euch aus und hakt ab.

Checkliste: Werbeplakat erstellen

- ◯ regt an, das Produkt zu kaufen
- ◯ passender Werbespruch: gleiche Anfangsbuchstaben Reime, Adjektive, Versprechen
- ◯ passende Bilder
- ◯ Farben
- ◯ Schrift

· Schreibziel: Schreibabsicht und Verwendungszusammenhang klären, Merkmale von Werbesprüchen beschreiben

· KV: 97, 98
· KV Fö/FO

· 59

Werbesprüche sammeln und schreiben

1 Lies die Werbesprüche.

2 Markiere in jedem Werbespruch:

a) rot: Alle Wörter, die sich reimen
(zum Beispiel: denken – schenken, froh – ebenso …)

b) blau: Alle Adjektive, die das Produkt besonders interessant machen
(zum Beispiel: gesund, zart, praktisch …)

c) gelb: Wörter mit gleichen Anfangsbuchstaben
(zum Beispiel: Milch macht munter …)

d) grün: verspricht unmögliche Dinge (zum Beispiel: verleiht Superkräfte)

3 Male ein Produkt. Denke dir einen passenden Werbespruch aus.

4 Gestalte zu deinem Produkt ein Werbeplakat. Formuliere zuerst dein Schreibziel.

So kann ich ein **Schreibziel** formulieren:
Ich überlege:
- Für wen schreibe ich?
- Was schreibe ich?
- Was möchte ich erreichen?
- Wie kann ich den Text aufbauen?

Wortbausteine können die Wortart ändern

1 Woran hat Wilma erkannt, zu welcher Wortart die Fantasiewörter gehören?

Nomen	Verben	Adjektive
Hulsenkeit	ädulieren	kundelbar
Mindelung	jadulieren	nesulhaft

! Manchmal erkennt man die Wortart an den Wortbausteinen.
Nomen: -ung, -heit, -keit, -nis, -tum, -schaft Verben: -ieren
Adjektive: -isch, -sam, -haft, -bar, -los, -lich, -ig

2 Schreibe die Wörter geordnet auf.

FAULHEIT NEIDISCH BELOHNUNG MARKIEREN
GEHEIMNIS PROBIEREN FURCHTLOS NUMMERIEREN WUNDERSAM

Nomen	Verben	Adjektive
Faulheit		

3 Bilde aus den Nomen Verben mit -ieren.

die Nummer ✓ der Spion das Telefonat der Marker

nummerieren, ...

4 Bilde aus den Nomen sinnvolle Adjektive mit den Endbausteinen
-ig, -lich, -isch, -sam, -haft, -bar, -los: das Glück – glücklich, ...

das Glück die Geduld der Traum die Sprache das Wunder
der Wunsch der Automat der Punkt der Tag der Genuss

· Möglichkeiten der Wortbildung kennen
· grammatisches Wissen für Rechtschreibung nutzen: mit Wortbausteinen arbeiten

· KV: 100
· KV Fö/FO

· RS: S. 13
· 60

Wörter zusammensetzen

1 Warum ist diese Radiowerbung nicht gelungen? Tauscht euch aus.

2 Verändert das markierte Wort aus Aufgabe 1 so, dass Lotte genau weiß, für welches Produkt geworben wird.

Zusammengesetzte Wörter beschreiben genauer, was gemeint ist:
hüpfen + der Sack = der Hüpfsack
schlafen + der Sack = der Schlafsack

Bestimmungswort | Grundwort

3 Bilde zusammengesetzte Wörter. Schreibe sie auf.

süß ✓ treten kühl faul
waschen braun wandern
spielen backen turnen
lesen hoch

der Bär, das Tier, der Ofen, das Haus
die Schuhe, der Roller, die Stange, die Kartoffel ✓
der Platz, das Becken, der Schrank, das Buch

süß + die Kartoffel = die Süßkartoffel,

Zusammengesetzte Adjektive verwenden

1 Untersucht die Adjektive. Was fällt euch auf?
Warum nutzt die Werbung diese besonderen Adjektive?

Mit zusammengesetzten Adjektiven kann man sich noch deutlicher ausdrücken. Solche Adjektive findet man oft in der Werbung. Mit diesen Adjektiven will man Aufmerksamkeit erzielen.

2 Bilde aus den Vergleichen zusammengesetzte Adjektive:

stark wie ein Bär ✓	gelb wie eine Zitrone	klar wie ein Stern
hart wie ein Hammer	fromm wie ein Lamm	glatt wie ein Spiegel

bärenstark, ____________________

____

3 Setze die Wörter passend zusammen.

Feuer ✓ bleich trocken rot ✓ Hand scharf Kreide Staub Messer zahm

feuerrot, ____________________

____

4 Schreibe die gegenteiligen Adjektive geordnet auf.

hellwach	nagelneu	hundemüde	riesengroß
steinreich	staubtrocken	klitschnass	uralt
klitzeklein	steinhart	bettelarm	quicklebendig
rabenschwarz	mausetot	butterweich	schneeweiß

- begründen und erklären
- Möglichkeiten der Wortbildung kennen und anwenden: Adjektivkomposita

- KV: 101, 102
- KV Fö/FO

- 62

Nomenprobe mit Adjektiv NT

1 Macht die Nomenprobe mit Adjektiven.
Warum wird **MALEN** im zweiten Satz großgeschrieben? Tauscht euch aus.

Lea **malt** gerne Plakate.   Das **Malen** der Plakate mag Lea gerne.

Manchmal werden auch Verben zu Nomen.
Wenn du ein Adjektiv mit Endung vor ein Wort setzen kannst, dann schreibst du das Wort groß (Nomenprobe mit Adjektiv).
Lea | mag | das lustige Malen der Plakate | .

2 Setze passende Adjektive ein. Markiere wie im Beispiel.

das anstrengende ____ Schwimmen	das ____________ Laufen
das ____________ Arbeiten	das ____________ Trocknen
das ____________ Verstehen	das ____________ Sprechen

3 Markiere die eingeschobenen Adjektive (grün) und die Nomen (blau) in den Sätzen.

Das aufwendige Gestalten | der schönen Plakate |
hat | viel Zeit | gekostet | .
Das lange Suchen | nach lustigen Reimen für die Werbesprüche |
hat sich gelohnt | .
Die verschiedenen Schriftarten | haben | wir |
mit dem neuen Computerprogramm | ausprobiert | .
Die frischen Farben | passen | zu den anregenden Sprüchen
und motivierenden Abbildungen | .

4 Schreibe zwei Sätze mit dem Wort LAUFEN .
Es soll einmal als Verb und einmal als Nomen verwendet werden.

Nomenprobe mit Adjektiv N↑

1 Mache die Nomenprobe mit Adjektiv. Schreibe die Sätze verbessert auf.

Sein lachen | ist | ansteckend |.

sein fröhliches Lachen

Sein Lachen ist ansteckend.

Zum duschen | braucht | man | wasser |.

____

____

Beim lesen | werde | ich | oft | müde |.

____

____

Im Zoo | ist | das füttern | der tiere | nicht erlaubt |!

____

____

2 Verb oder Nomen? Mache die Nomenprobe mit Adjektiv.
Setze das Wort passend ein. Achte auf die Großschreibung der Nomen.

Solveig schreibt den Werbetext.

Das Schreiben macht ihr Spaß.

Ole ist beim ______________ besonders kreativ.

Er ______________ unsere Werbung.

Max und ich ______________ das Werbebild.

Vom ______________ sind unsere Hände bunt.

Wir ______________ das Plakat auf dem Schulfest.

Gemeinsam üben wir das ______________.

SCHREIBEN

GESTALTEN

MALEN

PRÄSENTIEREN

· Rechtschreibstrategie anwenden: Nomenprobe mit Adjektiv
· sprachliche Operationen nutzen

· KV: 103
· KV Fö/FO

· RS: S. 22
· 63

Wörter mit h an der Silbengrenze

1 Was haben die Wörter gemeinsam?
Verwendet die Begriffe im Kasten.

drehen   näher   Schuhe   früher   Krähe

silbentrennende h   Selbstlaute (a, e, i, o, u) oder Umlaute (ä, ü, ö)
verwandte Wörter   Verlängern   Silbengrenze

2 Finde eine Verlängerung zu den Wörtern. Markiere das h an der Silbengrenze.

er droht	die Kuh	sie mäht	das Reh	sie steht
der Zeh	früh	der Floh	es flieht	er zieht

er droht – drohen ______________________

____

____

3 Setze die Verben passend in die Sätze ein.

gehen glühen blühen ✓ fliehen verleihen verstehen wehen ziehen sehen

Die Besenheide blüht __________ von August bis September.

Der Räuber __________ vor der Polizei.

Meine Bücher __________ ich gerne an meine Freundin.

Mein Kopf __________, weil ich die Aufgabe nicht __________.

Heute __________ ich mir meine Stiefel an

und __________ in den Wald.

Es __________ ein kräftiger Wind.

Ich hoffe, dass wir uns wieder __________.

Merkwörter mit C/c (M)

1 Schlage die Wörter im Wörterbuch nach und schreibe sie auf:

_______________ (S.) _______________ (S.) _______________ (S.)

_______________ (S.) _______________ (S.) _______________ (S.)

2 Schreibe die Wörter aus Aufgabe 1 nach dem Abc geordnet auf.

das Cello, ____

____

3 Welche Wörter haben sich hier versteckt? Schreibe sie richtig auf.

loCel	______________	terpuCom	______________
boyCow	______________	flakesCorn	______________
vercle	______________	meCre	______________
micCo	______________	pingCam	______________

4 Schreibe einen Satz mit möglichst vielen Wörtern mit C/c.

____

____

____

5 Sprecht die Wörter Cello und Cent . Was fällt euch auf?

· Rechtschreibstrategie anwenden: Merkwörter mit C/c

· KV: 105
· KV Fö/FO

· RS: S. 18
· 65, 66, 67

Merkwörter mit Ph/ph (M)

1 Schreibe die Fremdwörter mit der passenden Erklärung zusammen auf. Markiere Ph/ph.

In manchen Wörtern sprichst du f, schreibst aber ph.
Diese Wörter musst du dir merken.

- die Katastrophe
- die Strophe
- die Physik
- das Alphabet
- der Triumph

ein Gedichtabschnitt

schweres Unglück

ein Erfolg

Wissenschaft, die die Gesetze der Natur erforscht

in einer festgelegten Reihenfolge angeordnete Buchstaben

2 Schreibe jedes Fremdwort mit Ph/ph aus Aufgabe 1 viermal mit verschiedenen Farben.

3 Wähle drei Wörter aus Aufgabe 1 aus. Schreibe eine kurze Geschichte.

Im Wörterbuch nachschlagen

1

das Lexikon

die Lexika

Nomen schlage ich in der Einzahl nach. Hinter der Einzahl steht die Mehrzahl der Nomen.

2

der? die? das?

der Radiergummi

Den Artikel schlage ich bei der Einzahl des Nomens nach. Er steht vor dem Nomen.

3

am höch/ksten?

hoch – höher – am höchsten

Adjektive schlage ich in der Grundstufe nach. Hinter der Grundstufe stehen die beiden Vergleichsstufen.

4

er schwamm/m?

schwimmen, er schwimmt,
er schwamm,
er ist geschwommen

Verben schlage ich in der Grundform nach. Hinter der Grundform stehen eine Personalform und die beiden Vergangenheitsformen.

5

blitzschnel / ll ?

= der Blitz + schnell

Zusammengesetzte Wörter muss ich zuerst zerlegen. Dann schlage ich jedes Wort einzeln nach.

6

Komputer? oder **C**omputer?
Wase? oder **V**ase?

Wenn ich ein Wort nicht finden kann, überlege ich, ob der erste Laut noch ein anderer Buchstabe sein könnte.

1 Suche die Wörter im Wörterbuch. Schreibe sie mit ihrer Grundform auf. Schreibe auch die Seitenzahl dazu.

Globen besser aß Vulkane

____

____

· Arbeits- und Lerntechniken selbstständig nutzen: Im Wörterbuch nachschlagen

· KV: 106

Wörter mit h an der Silbengrenze
Merkwörter mit C/c und Ph/ph M

Wörter mit h an der Silbengrenze
früher
höher
die Schuhe
stehen
Merkwörter mit C/c
der Cent
der Clown
der Comic
der Computer
Merkwörter mit Ph/ph
das Alphabet
die Katastrophe
die Physik
die Strophe

1 Setze Übungswörter passend ein.

Werbung lockt

Ob im Fernsehen, in Videos auf dem

_ _ _ _ _ _ _ _ oder im Radio,

Werbung begegnet uns überall.

Verrückte _ _ _ _ _ _ mit großen

_ _ _ _ _ _ _ singen Lieder mit

lustigen _ _ _ _ _ _ _ _.

Sie werben für Pommes und Eis für unglaubliche

99 _ _ _ _. Dazu gibt es einen

Gratis-_ _ _ _ _ zum Lesen.

Wissenschaftler und Kinderärzte halten diese Werbung

für eine _ _ _ _ _ _ _ _ _ _ _.

2 Löse die Rätsel. Schreibe die Übungswörter auf.

1. lustiger Mensch im Zirkus ______________________
2. Teil eines Gedichts ______________________
3. Gegenteil von tiefer ______________________
4. die Abkürzung ct steht für ______________________

3 Setze diese **kleinen Wörter** in den Text ein: möglichst trotz zusammen

Die Kinder entwarfen ______________ Werbeplakate für den Obstverkauf.
Sie wollten ______________ viele Kunden anlocken. Aber es kamen
______________ der guten Werbung nur wenige Besucherinnen und Besucher.

Wörter mit h an der Silbengrenze
Merkwörter mit C/c und Ph/ph

1 Übe die Wörter mit der Profikarte.

Profikarte 7			
	früher		
	höher		
	die Schuhe		
	stehen		
	der Cent		
	der Clown		
	der Comic		
	der Computer		
	das Alphabet		
	die Katastrophe		
	die Physik		
	die Strophe		

2 Suche die Übungswörter mit Ph/ph im Wörterbuch. Schreibe sie mit der Seitenzahl auf.

____

____

____

____

3 Führt ein Rechtschreibgespräch zu dem Wort er dreht .

4 Markiere die Übungswörter im Text.

Clown Webi
Tom ist begeistert von Comics. Manchmal darf er sich in seinem Lieblingsladen für zwei Euro und 99 Cent ein neues Heft aussuchen. Seine Lieblingsgeschichten handeln von Webi dem Clown, der sich jedes Mal in ein neues Abenteuer stürzt. Meist enden diese in einer Katastrophe. Neulich fuhr er mit seinen großen Schuhen einen hohen Berg hinunter, weil er seine Skier vergessen hatte. Dadurch löste er zu seinem Unglück eine gewaltige Lawine aus, die unaufhaltsam ins Tal donnerte und ein absolutes Chaos hinterließ. Was passiert wohl beim nächsten Mal? Gespannt wartet Tom an seinem Computer auf die Werbung, die die neue Ausgabe ankündigt.

5 Schreibe den Text in deiner schönsten Schrift ab.

· Lern- und Arbeitstechniken nutzen
· methodisch sinnvoll abschreiben
· Wörter des Grundwortschatzes

· KV: 107–109, 157–160
· KV Fö/FO

RS: S. 3

Zusammengesetzte Wörter bilden

1 Wähle eine Aufgabe aus.

a Setze die Wörter zusammen.

liegen	+	der Stuhl	liegen + der Stuhl = der Liegestuhl
der Nagel	+	neu	
das Wunder	+	schön	
hoch	+	begabt	
soft	+	das Eis	

b Bilde zusammengesetzte Wörter mit: ARM FEDER ALT

ARM ______

FEDER ______

ALT ______

c Welche Wortarten könnt ihr zusammensetzen. Finde jeweils ein Beispiel.

Nomen + Nomen: der Baum + das Haus =

Verb + Nomen: ______

Nomen + Adjektiv: ______

Adjektiv + Adjektiv: ______

Ich kann Wörter unterschiedlicher Wortarten zusammensetzen. ☺ 😐

- Möglichkeiten der Wortbilung kennen: Nomen- und Adjektivkomposita
- den eigenen Lernerfolg reflektieren

Nomenprobe mit Adjektiv N↑

1 Wähle eine Aufgabe aus.

a Setze passende Nomen ein. Markiere den Anfangsbuchstaben der Nomen.

tuscheln essen treffen trainieren zuhören ✓ streiten

das anstrengende Zuhören ______ das lustige ______

das lange ______ das laute ______

das leckere ______ das leise ______

b Streiche die Fehler durch.
Schreibe die Sätze mit einem Adjektiv vor jedem Nomen richtig auf.

Das laufen | ist | anstrengend |.

______

Beim trainieren | muss | man | viel | schwitzen |.

______

Dein lachen | ist | ansteckend |.

______

Woanders | fällt | mir | das einschlafen | schwer |.

______

c Warum werden MALEN und ENTSPANNEN einmal großgeschrieben und einmal kleingeschrieben? Erkläre mit der Nomenprobe.

Wir können beim Malen entspannen.

Beim Entspannen können wir malen.

______

______

Ich kann die Nomenprobe mit Adjektiv anwenden. ☺ 😐

- Rechtschreibstrategie anwenden: Nomenprobe mit Adjektiv
- den eigenen Lernerfolg reflektieren

Wörter mit h an der Silbengrenze

1 Wähle eine Aufgabe aus.

a Schreibe die Wortpaare geordnet auf. Schreibe wie im Beispiel.

gehen	leihen	die Rehe	drehen	die Schuhe
sehen	nähen ✓	früher	die Flöhe	froher

er geht	sie leiht	das Reh	es dreht	der Schuh
ihr seht	die Naht ✓	früh	der Floh	froh

nähen – die Naht, ______________________

____

____

____

b Schreibe jeweils vier verwandte Wörter auf.

nähen: die Naht, ______________________

ruhen: ______________________

gehen: ______________________

sehen: ______________________

c Was unterscheidet die beiden Wortgruppen?
Finde weitere Beispiele. Schreibe eine Erklärung auf.

stehen glühen Schuhe Zehe

nehmen Zähne bohren fahren

____

____

Ich kann Wörter mit h an der Silbengrenze richtig schreiben. ☺ 😐

- Rechtschreibstrategien: Silben schwingen, Verlängern (Wörter mit silbeninitialem h)
- den eigenen Lernerfolg reflektieren

Unser Umwelttag

Aktion 1 – Ein Schulhof ohne Müll!

Aktion 2 – Aktion Wildblumenwiese – Artenschutz geht alle an!

Aktion 3 – Insektenhotel

Aktion 4 – Müll weiterverwenden (Upcycling)

1 Welche Umweltaktionen haben die Kinder für ihren Umwelttag ausgewählt? Beschreibt.

2 Welche anderen Aktionen fallen euch zum Thema Umweltschutz ein?

3 Schreibe auf, welche Umweltaktionen dich interessieren.

____

____

- funktionsangemessen sprechen: genau beschreiben und erzählen
- sich an Gesprächen beteiligen

Informierend sprechen

1 Über welche Aktionen berichten Lale und Semi? Tauscht euch aus.

Lales Aktion: ____________________ Semis Aktion: ____________________

Hallo zusammen,
was da an der Burgschule gemacht wurde, war einfach richtig klasse. Die haben mal ihren Schulhof aufgeräumt und für jeden Tag Kisten für den gesammelten Müll bereitgestellt. Der Müll wurde mit roten Greifzangen beseitigt.
Ich finde, das ist eine gute Idee. Aber meiner Meinung nach hätten sie das auch schon eher mal machen können.

Hallo zusammen,
ich möchte euch von der Aktion Insektenhotel des heutigen Umwelttages berichten. Er fand vormittags an der Burgschule statt. Die Kinder hatten aus einer alten Kiste und einigen Brettern ein Haus für Insekten gebaut. Pflanzenstängel wurden zu Zimmern für Wildbienen. Räume aus Holzwolle oder Zapfen waren für Marienkäfer und Ohrwürmer gedacht. So sollten Nisthilfen für Insekten geschaffen werden. Insekten sind wichtig für die Bestäubung und Fortpflanzung von Pflanzen.

2 Welche Informationen erhältst du durch die Berichte? Markiere farbig.
Welche Aktion fand wann und wo statt?
Wie wurde die Aktion genau durchgeführt?
Was sollte mit der Aktion erreicht werden?

3 Durch welchen Bericht erhältst du genauere Informationen? Kreuze an.

- ☐ Der Bericht von Lale ist genauer.
- ☐ Der Bericht von Semi ist genauer.

4 An welchen Stellen äußert Lale ihre eigene Meinung? Unterstreiche.
Sind das wichtige Informationen? Tauscht euch aus.

5 Berichte selbst über eine Umweltaktion.
Ich möchte euch … berichten.
Die Aktion fand … statt.
Für die Umwelt wurde …
Sie wollten damit erreichen, dass …

Einen Bericht planen und schreiben

1 Elena will einen Bericht über den **Bau eines Insektenhotels** für die Schülerzeitung schreiben? Ordne die Wörter zu.

Hauptteil Wo? Einleitung Was? ✓ Wann? Schluss Wer?

______________	______________	______________
Was? • Insektenhotel bauen ______________ • täglich in der 4. Stunde ______________ • im Werkraum ______________ • Kinder der Aktion 3	**Das fand statt:** • Material sammeln und sortieren • Grundgerüst erstellen (Holzkiste) • Kiste in Fächer unterteilen • mit unterschiedlichen Materialien füllen: Pflanzenhalme, Zapfen, Holzwolle, Lochziegel … • feines Material mit Draht sichern	**Ergebnis:** • Fotos der fertigen Arbeit machen • Hotel am vorgesehenen Platz aufstellen • beobachten, welche Bewohner einziehen

2 Markiere in der Einleitung des Berichtes die passenden Informationen aus der Tabelle.

Der Bau eines Insektenhotels
Wir Kinder der Aktionsgruppe 3 nahmen uns vor, bis zum Umwelttag ein Insektenhotel zu bauen. Eine Bauanleitung fanden wir im Internet. Das Sammeln der notwendigen Materialien für das Projekt hatten wir unter uns aufgeteilt. Zum Bau des Insektenhotels trafen wir uns täglich in der vierten Unterrichtsstunde im Werkraum. Hier lagerten wir auch unsere Materialien und Werkzeuge. Zuerst sortierten wir das gesammelte Material. Dann …

Checkliste: Einen Bericht schreiben
- ◯ Überschrift
- ◯ Einleitung: Was? Wann? Wo? Wer?
- ◯ Hauptteil: Was genau fand statt?
- ◯ Schluss: Was ist das Ergebnis der Aktion?
- ◯ die eigene Meinung vermeiden
- ◯ die Zeitform beibehalten
- ◯ für andere verständlich

3 Schreibe Elenas Bericht vollständig auf.

Einen Bericht überarbeiten

1 Lest den Bericht und überprüft ihn mit der Checkliste zum Bericht.

Aktion Wildblumen

Schon im Frühjahr informierte sich die Aktionsgruppe
Wildblumen über das Anlegen einer Blumenwiese.
Die Kinder steckten einen Bereich für die Aktion ab. X1
Sie lockern den Boden und harken das Saatgut ein. In den T T
nächsten vier Wochen hielten sie den Boden feucht und
beobachteten das Wachstum. Das fand ich furchtbar langweilig. X2
Bald wuchsen Klee, Klatschmohn, Kornblumen, Gräser und
sogar einige Löwenmäulchen. Das sah richtig toll aus! X3
Auch in den Betonring auf dem Schulhof hatte die Gruppe
Wildblumen gesät.
An der Pinnwant im Flur wurde die Aktion begleitet. R
Ohne Insekten – kein Obst und Gemüse und keine Blumen
war die Überschrift. In jeder Woche hängen die Kinder der T
Aktion eine neue Pflanzenkarte auf. Sie enthielt Informationen
zur Pflanze und die Insekten. Fiele Kinder informierten sich SF R
und stellten Fragen Zur Freude der Aktionsgruppe legten einige Z
Kinder zuhause ein Wildblumenbeet an.

2 Verbessere die Fehler, die mit R, SF, T oder Z gekennzeichnet wurden.
Zeile 4, T T: lockerten, …

3 Schreibe Verbesserungstipps zu den anderen Fehlern, die mit einem X gekennzeichnet wurden:
Zeile 3, X1: Wo genau soll die Blumenwiese …

Korrekturzeichen
R = Rechtschreibfehler
SF = Sprachfehler
T = Zeitfehler
Z = Zeichenfehler
X = anderer Fehler

4 Wähle eine Aufgabe aus.
a Schreibe den Bericht überarbeitet auf.
b Schreibe einen Bericht über eine andere Aktion.

Das grammatische Geschlecht von Nomen erkennen: männlich, weiblich, sächlich

1 Welches grammatische Geschlecht haben die Nomen?
Man erkennt es am bestimmten Artikel (Begleiter). Tauscht euch aus.

Nomen haben ein grammatisches Geschlecht.
Das erkennt man am bestimmten Artikel (Begleiter).
der Schmetterling – männlich
die Fliege – weiblich
das Huhn – sächlich

_____ Heupferd
_____ Wurm
_____ Biene

2 Ordne die Nomen nach ihrem grammatischen Geschlecht.

der Junge, das Gesicht, die Ärztin, die Mücke, der Vogel, das Lied, der Baum, die Blüte, der Weg, das Licht, das Gras, die Küste

männlich: ______________________________
weiblich: ______________________________
sächlich: ______________________________

3 Schreibe die Nomen mit Artikel auf.

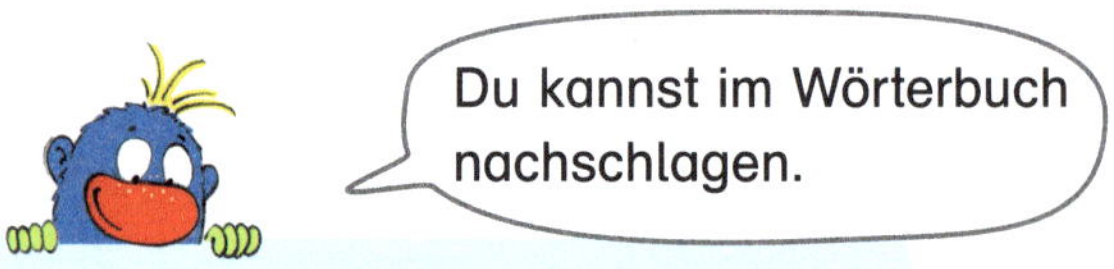

Natur, Freiheit, Glück, Berg, Detektiv, Internet, Geduld, Maschine, Feld, Entfernung, Lexikon, Garten

männlich: ______________________________
weiblich: ______________________________
sächlich: ______________________________

4 Schreibe zusammengesetzte Nomen mit Artikel auf.
Markiere das Nomen, das das Geschlecht bestimmt.
das Maiskorn = der Mais + das Korn

· Fachbegriffe verwenden: Genus des Nomens
· Wörter sammeln und ordnen

· KV Fö/FO

· 71

Nomen in den vier Fällen kennen

1 Welches Nomen mit Artikel passt zu welcher Sprechblase? Tauscht euch aus.

der Bach

dem Bach

des Baches

den Bach

Heute um 15 Uhr treffen wir uns an ▢

Das Wasser ▢ ist voller Pflanzen.

Ist es gefährlich in ▢ zu steigen?

Nein, ▢ ist nicht sehr tief.

Nomen können in vier Fällen stehen.
Je nach Fall und grammatischem Geschlecht verändern sich im Satz das Nomen und sein Artikel (Begleiter).
Das grammatische Geschlecht erkennst du nur im 1. Fall (Wer-oder-was-Fall).

Fall	männlich	weiblich	sächlich
1. Fall: **Wer-oder-was-Fall** (Nominativ)	**der** Frosch	**die** Fliege	**das** Kind
2. Fall: **Wessen-Fall** (Genitiv)	**des** Frosches	**der** Fliege	**des** Kindes
3. Fall: **Wem-Fall** (Dativ)	**dem** Frosch	**der** Fliege	**dem** Kind
4. Fall: **Wen-oder-was-Fall** (Akkusativ)	**den** Frosch	**die** Fliege	**das** Kind

2 Setze das Nomen mit dem passenden Artikel ein: Biene

Wer-oder-was-Fall: Schnell fliegt ______________ zu einer Blüte.

Wessen-Fall: An den Beinen ______________ sind gelbe Pollen.

Wem-Fall: Mia schaut ______________ beim Sammeln des Nektars zu.

Wen-oder-was-Fall: Dann sieht sie ______________ zur nächsten Blüte fliegen.

Nomen in den vier Fällen kennen

1 Setze das Nomen mit dem passenden Artikel ein: Käfer

Wer-oder-was-Fall: ______________ krabbelt auf eine Blüte.

Wessen-Fall: Die Flügel ______________ sind rot.

Wem-Fall: Ich gebe ______________ einen Namen.

Wen-oder-was-Fall: Ich bewundere ______________ auf einem Bild.

2 Frage nach dem markierten Nomen. Welche Fragewörter passen?

Vorsichtig steigt der Junge in den Bach.

Wer oder was steigt in den Bach?

Der Blick des Jungen ist ängstlich.

____

Eine kleine Welle erreicht den Jungen.

____

Das Bachwasser läuft dem Jungen in die Stiefel.

____

3 In welchem Fall steht das markierte Nomen? Schreibe wie im Beispiel.

Heute macht das Mädchen ein Foto von den Blumen.

Wer macht ein Foto? – 1. Fall

Paul findet ______ Blume sehr schön.

____

Aber den Namen ______ Pflanze kennt er nicht.

____

Paul schenkt ______ Mädchen die Blume.

____

· sprachliche Strukturen kennen: Fälle des Nomens
· sprachliche Operationen nutzen: fragen

· KV: 113–115
· KV Fö/FO
·

· 72

Satzbildung mit Bindewörtern kennen

1 Lest die Sätze. Was fällt euch auf?

Ich suche die Gießkanne. Ich **sehe** sie nicht.
Ich suche die Gießkanne, aber ich **sehe** sie nicht.
Ich suche die Gießkanne, weil ich sie nicht **sehe**.

Sätze kann man mit einem **Bindewort** verbinden.
Vor Bindewörtern wie **aber**, **weil**, **wenn**, **als**, **denn**, **obwohl** steht ein Komma:
Ich suche meine Tasche. Ich **gehe** nach Hause.
Ich suche meine Tasche, denn ich **gehe** nach Hause.
Ich suche meine Tasche, weil ich nach Hause **gehe**.

2 Markiere in den Sätzen das Bindewort und das Komma.

Lara holt ihr Handy, denn sie will ein Foto machen.
Kim kann nicht mitspielen, weil sie zum Arzt muss.
Ich habe nicht zugehört, als ich eine Aufgabe bekam.

3 Schreibe die Sätze mit dem Bindewort auf. Achte auf das Komma.

Enno will mit Jan zur Wiese, ___ Insekten zu fotografieren. (um)

Jan nimmt eine Kamera mit, ___ sein Handy gute Bilder macht. (obwohl)

Er will die Bilder vergrößern, ___ er ein Plakat erstellen kann. (damit)

Satzbildung mit Bindewörtern kennen

1 Verbinde die Sätze mit passenden Bindewörtern. Schreibe die Sätze auf. Setze das Komma.

denn obwohl aber weil damit

Wir sammeln Ideen zum Umweltschutz. Wir wollen eine Ausstellung machen.

____

____

Die Kinder verzichten auf elektronische Medien. Sie wollen Energie sparen.

____

____

Einige Kinder bauen Nistkästen. Den Vögeln stehen sie als Nisthilfen zur Verfügung.

____

____

Nistkästen sind auch im Winter wichtig. Sie werden dann nicht zum Nisten gebraucht.

____

____

Vögel brauchen kein Wohnhaus. Sie freuen sich über ein trockenes Schlafzimmer.

____

____

2 Wie können die Sätze weitergehen? Schreibe Sätze mit Bindewörtern.

Lisa lacht ______________________________

Lars klettert auf einen Baum ______________________________

Alle sind begeistert ______________________________

Paul geht schwimmen ______________________________

- Möglichkeit der Satzverbindung kennen
- Bedeutung und Funktion der Bindewörter kennen und Komma setzen

- KV: 116, 117
- KV Fö/FO

Wörter richtig trennen

1 Was sollte Lea hier ändern? Erklärt.

Wasserverbrauch
Wie viel Wasser du verbrauchst,
hängt auch davon ab,
ob du den Wasserhahn
beim Zähneputzen laufen
lässt. Aus dem laufenden
Wasserhahn fließen pro
Minute etwa 8 Liter Wasser.

Viele Wörter kannst du trennen. Dann musst du einen **Trennstrich** setzen.

2 Was weißt du noch über die Trennungsregeln?
Trage die Wörter passend ein.

vor   einer   Wortanfang   Silben

Trennregeln:

- 🟢 Wörter trennt man nach ____________: Was-ser-ver-brauch.
- 🔴 Man trennt Wörter ____________ ch, ck und sch: Wasch-be-cken, Be-cher, Fla-sche.
- 🟡 Einzelne Selbstlaute am ____________ und Wortende trennt man nicht ab: Oma, Ana-nas.
- 🔵 Wörter mit ____________ Silbe trennt man nicht: süß, Ast.

3 Wende die Trennregeln an.
Schreibe die Wörter mit möglichen Trennstrichen auf: Was-ser-hahn, ...

Wasserhahn ✓   Wald   Umweltschutz   Plastikmüll   Huhn
Olympia   Handwaschbecken   Maus   Igel   Plastikflasche
Ameise   Weg   Joghurtbecher   schmecken   Oma
Tragetasche   Brot   backen   Baum   Zahnbürstenhalter

Wörter richtig trennen

1 Ordne die Wörter den Trennregeln zu:

Na-tur-schutz-ge-biet Opa Abend Ufer Acker du-schen Ta-schen Sand
Zu-cker fle-ckig Boot Ge-wäs-ser-schutz Beet bü-cken wi-schen Müll

- (grün) Ich trenne das Wort nach Silben.
- (rot) Ich trenne Wörter vor ck und sch.
- (gelb) Einzelne Selbstlaute am Wortanfang und Wortende trenne ich nicht ab.
- (blau) Wörter mit einer Silbe trenne ich nicht.

(grün) ______________________________

(rot) ______________________________

(gelb) ______________________________

(blau) ______________________________

2 Schreibe die Sätze ab.
Wende die Trennungsregeln bei jedem Wort an.

Heute besuchen wir das Naturschutzgebiet in der Nähe.

Heu-te ______________________________

____

Wir haben unsere Rucksäcke mitgenommen.

____

____

Schließlich brauchen wir Ferngläser und Verpflegung.

____

____

Allen gefällt der schöne Ausflug.

____

- Regeln der Trennung am Zeilenende kennen und verwenden

- KV: 118
- KV Fö/FO

74, 77

Merkwörter mit ai und dt Ⓜ

1 Welche Stellen in dem Satz der Woche sind schwierig? Tauscht euch aus.

2 Schreibe die Merkwörter mit **ai** und **dt** geordnet auf.
Markiere die schwierige Stelle.
ai: Violinensaite, …

Violinensaite	Mais	Großstadt	Kaiser	Stadtverkehr
Laie	Verwandter		Hai	Taifun
Brotlaib	verwandt	Waisenkind		Verwandtschaft

3 Schreibe Sätze mit diesen Wörtern. Markiere den Wortstamm STADT .
Altstadt: In der Altstadt gibt es viele schöne Häuser.

Altstadt	Stadtplan	Stadttor	städtisch
Hauptstadt	Stadtfest	stadtbekannt	Stadtführung

4 In jedem Satz ist ein Fehler. Schreibe die Sätze richtig auf.

Der Teifun ist ein starker Sturm.

Ali lädt Freunde und Verwante zum Geburtstag ein.

Bei meiner Gitarre ist eine Seite gerissen.

Mit meinem Cousin bin ich verwant.

So kann ich Wörter mit verschiedenen schwierigen Stellen üben.

Training für Rechtschreibprofis

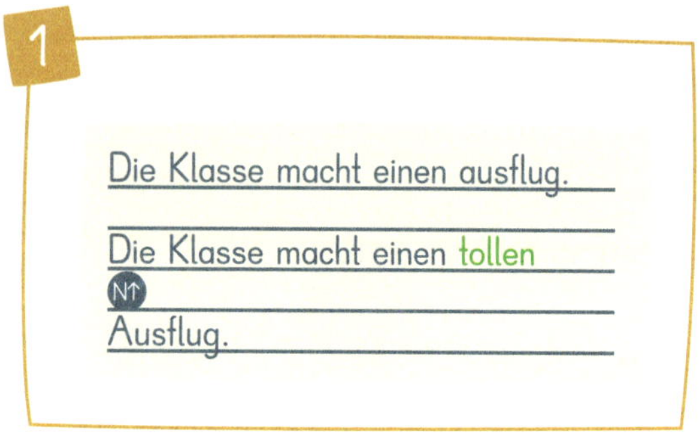

Die Großschreibung von Nomen kann ich mit der Nomenprobe mit Adjektiv üben.

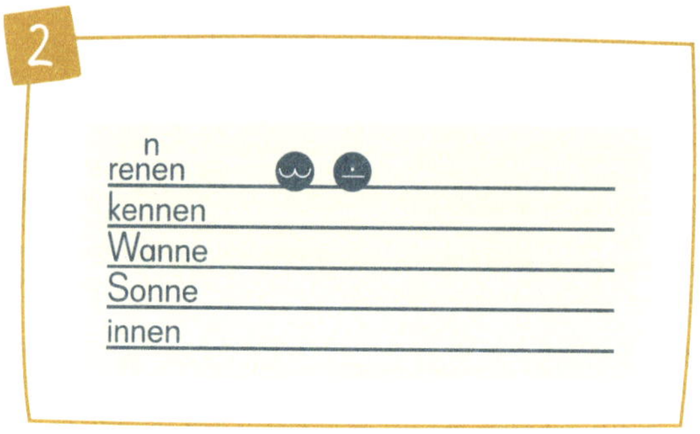

Wörter mit doppeltem Mitlaut kann ich mit Listen üben.

Wörter mit vielen Mitlauten kann ich schwingen und deutlich sprechen.

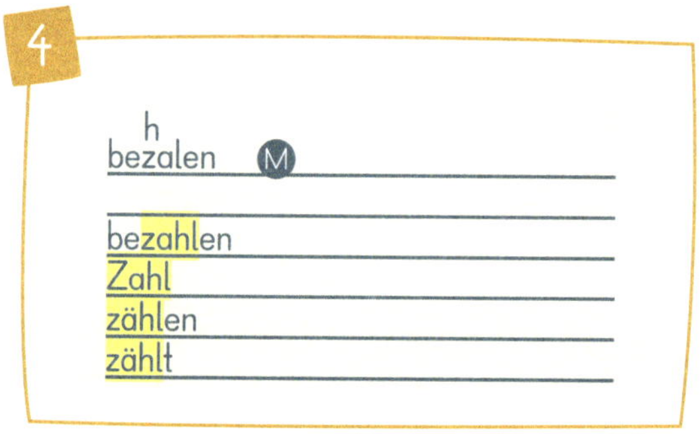

Merkwörter kann ich mit Wortfamilien üben. Dann schreibe ich die schwierige Stelle ganz oft.

1 Verbessere zunächst die durchgestrichenen Wörter.
Trainiere dann wie ein Rechtschreibprofi.

Ausflug zum Bibersee

Wir haben zuerst eine ~~fahrt~~ mit dem Bus gemacht. Dort ~~schwamen~~ wir, bis uns kalt

wurde. Vom Zeltplatz nebenan gesellten sich noch ein paar Kinder zu uns.

Sie ~~erzälten~~ uns von ihrem ~~Umweltpojekt~~.

· passende Lern- und Übungsformen zum Training der Rechtschreibkompetenz kennen und selbstständig nutzen

Merkwörter mit ai und mit dt (M)

Wörter mit ai
der Brotl**ai**b
der Froschl**ai**ch
die Gitarrens**ai**te
der H**ai**
der K**ai**ser
der L**ai**e
der M**ai**
der M**ai**s
Wörter mit dt
die Sta**dt**
verwan**dt**
der Verwan**dt**e
die Verwan**dt**schaft

1 Setze die Übungswörter in die Sätze ein.

Der ________________ ist ein rund geformtes Brot.

Auf dem Feld wächst der ________________.

Ein ________________ ist jemand ohne Fachkenntnisse.

Die Eier des Frosches nennt man ________________.

Meine Tante ist mit mir ________________.

In der ________________ gibt es viele Geschäfte.

Der Einladungsbrief wird an die ganze

________________ verschickt.

2 Setze die fehlenden Buchstaben ein.

Der K____ser sah im M____ im Meer einen H____.

Opa lädt alle Verwan____en in seine Sta____wohnung ein.

3 Setze diese **kleinen Wörter** in den Text ein: sehr sie unsere für viele

Oles Mutter unterstützte ________________ Umweltaktion.

Sie kaufte Stoff und nähte ________________ alle Taschen.

Im Kunstunterricht bedruckten wir ________________.

Die Taschen sahen ________________ gut aus.

Am Aktionstag nahmen sich ________________

Besucherinnen und Besucher eine Tasche mit.

Merkwörter mit ai und mit dt (M)

1 Übe die Wörter mit der Profikarte.

2 Übe die Wörter Taifun und Stadtführung wie ein Rechtschreibprofi.

3 Führt ein Rechtschreibgespräch zu dem Wort: Stadtteil .

4 Markiere die Übungswörter im Text.

Profikarte 8			
	der Brotlaib		
	der Froschlaich		
	die Gitarrensaite		
	der Hai		
	der Kaiser		
	der Laie		
	der Mai		
	der Mais		
	die Stadt		
	verwandt		
	der Verwandte		
	die Verwandtschaft		

Auf dem Land

Gestern fuhren einige Kinder aus der Stadt aufs Land.
Lea hatte einen Verwandten um die Besichtigung seines Bauernhofes gebeten. Prompt lud Onkel Jan alle Kinder zu einem Besuch ein.
Vom Bauernhof ging es einen Feldweg entlang.
Hier konnten sie den Anbau von Mais besichtigen.
Von April bis Mai werden die Körner ausgesät.
Mais wird als Tierfutter und zur Erzeugung von Biogas verwendet.
Aber Onkel Jan baut auch Weizen und Hafer an.
Auf ein Feld hat er Sonnenblumen gepflanzt.
Die Kerne werden zu Vogelfutter oder Öl verarbeitet.
Am Feldrand konnten die Kinder bunte Wildpflanzen entdecken.
Zurück auf dem Hof zog Tante Lene frische Brotlaibe aus dem Backofen.
Onkel Jan griff in die Gitarrensaiten.

5 Schreibe den Text in deiner schönsten Schrift ab.

Nomen in den vier Fällen verwenden

1 Wähle eine Aufgabe aus.

a Setze das Nomen mit dem passenden Artikel ein: Hummel

Wer-oder-was-Fall: ______________ wird zum Bestäuben gebraucht.

Wessen-Fall: Die Flügel ______________ Hummel bewegen sich schnell.

Wem-Fall: Die Blüte gibt ______________ Nahrung.

Wen-oder-was-Fall: Ich beobachte ______________ gern.

b Frage nach dem markierten Nomen. Notiere den Fall.

Der Förster geht in den Wald. Wer-oder-was? 1. Fall

Heute begleite ich den Förster. ______________

Er zeigt mir die Spuren des Dachses. ______________

Leider kann ich das Tier nicht sehen. ______________

Die Samen der Eiche heißen Eicheln. ______________

Die Samen sehen verschieden aus. ______________

Ich zeige die Eicheln dem Förster. ______________

c Schreibe mit dem Nomen Vogel Sätze in allen vier Fällen.

____

____

____

____

Ich kann Nomen in den vier Fällen verwenden.

· sprachliche Strukturen kennen: Fälle des Nomens
· den eigenen Lernerfolg reflektieren

Satzbildung mit Bindewörtern kennen

1 Wähle eine Aufgabe aus.

a Setze das Bindewort und das Komma ein.

Malte sät Blumen __________ Insekten Nahrung finden. (damit)

Mia gießt die Pflanzen nur __________ es nicht regnet. (wenn)

Ich pflücke Blumen __________ meine Oma Geburtstag hat. (weil)

Tim geht zur Aktion __________ er stark erkältet ist. (obwohl)

b Schreibe die Sätze mit passenden Bindewörtern auf.

obwohl weil während damit

Die Kinder freuen sich __________
Sie haben viel gelernt.

Lisa läuft barfuß __________
Es ist heute nicht so warm.

Jan zupft Unkraut __________
Die Blumen haben so mehr Platz.

Tim gießt die Pflanzen __________
Die anderen machen Pause.

c Schreibe jeweils einen Satz mit jedem Bindewort.

weil obwohl nachdem damit

Ich kann Sätze mit Bindewörtern bilden und das Komma setzen.

- Bedeutung und Funktion der Bindewörter kennen und Komma setzen
- den eigenen Lernerfolg reflektieren

Wörter richtig trennen

Trennregeln

- 🟢 Trenne nach Silben.
- 🔴 Trenne Wörter vor ch, ck und sch.
- 🟡 Trenne nicht: Selbstlaute am Wortanfang und Wortende.
- 🔵 Trenne nicht: Wörter mit einer Silbe.

1 Wähle eine Aufgabe aus.

a Schreibe die Trennregeln ab. Ordne die Wörter passend zu.

ren-nen	Wald	Igel	gu-cken	Gras	Lär-chen-zap-fen
oben	ra-scheln	spa-zie-ren	auf-sam-meln	viel	Abend

b Ordne die Wörter den Trennregeln zu. Trenne, wenn möglich.

Mandala ✓	Buchenblatt ✓	Zweig ✓	Ufer ✓
oben	Wassertropfen	Frucht	Insektenhotel
nett	Herbst	Becher	Spinnennetz
Trockenfrüchte	naschen	Idee	über

🟢 Man-da-la, __________

🔴 Bu-chen-blatt, __________

🟡 Ufer, __________

🔵 Zweig, __________

c Schreibe den Text ab. Schreibe die Wörter mit Trennstrichen auf.
Schreibe so: Ges-tern Abend sind wir ge-mein-sam …

Gestern Abend sind wir gemeinsam in den Stadtwald gegangen. Schon nach wenigen Minuten wurde es stockdunkel. Wir holten unsere Taschenlampen aus dem Rucksack. Den Lichtstrahl richteten wir direkt auf den Waldweg. So konnten keine Wildtiere geblendet werden.

Ich kann Wörter richtig trennen. ☺ 😐

- Regeln der Trennung am Zeilenende kennen und verwenden
- den eigenen Lernerfolg reflektieren

Wie wir uns verändern

1 Schaut euch das Bild an. Wie stellen sich die Kinder ihre Zukunft vor?

2 Welche Berufswünsche haben die Kinder? Erzählt.

3 Wie stellst du dir deine Zukunft vor? Schreibe auf.
Ich stelle mir vor, dass … In der Zukunft möchte ich …

____

____

____

____

- funktionsangemessen sprechen: beschreiben und erzählen
- aktiv eigene Vorstellungen einbringen

Zuhörstrategien anwenden

1 Was machen Ingenieurinnen und Ingenieure?
Überlegt gemeinsam.

2 Was würdest du Frau Sander gern fragen? Schreibe zwei Fragen auf.

Mich würde interessieren …
Ich frage mich …
Ich habe noch nicht genau verstanden …
Könnten Sie noch einmal erzählen …

___

___

___

3 Recherchiere zu deinem Traumberuf und stelle ihn vor.

4 Beachtet als Zuhörerinnen und Zuhörer alle **Zuhörstrategien**.
Sagt zum Schluss, was ihr durch den Vortrag Neues erfahren habt.

Ich weiß jetzt, dass … Besonders interessant fand ich …
Jetzt kann ich mir genau vorstellen, …

Unsere **Zuhörstrategien**:
1. Ich schaffe eine gute Zuhörumgebung.
2. Ich überlege, was ich schon über das Thema weiß.
3. Ich höre konzentriert zu.
4. Ich kann Notizen machen.
5. Ich kann nachfragen.
6. Ich überlege, was ich Neues erfahren habe.

Ein Interview aufschreiben

Ein Schreibziel formulieren
Heft C, Seite 8

1 Formuliert das Schreibziel für die Kinder.

Für wen schreiben sie? ______________________________

Was schreiben sie? ______________________________

Was möchten sie erreichen? ______________________________

Wie können sie den Text aufbauen? ______________________________

2 Lies den Ausschnitt aus dem Interview der Klasse 4b. Überprüfe den Text mit der Checkliste. Markiere passende Stellen farbig.

Checkliste: Ein Interview aufschreiben

- ◯ einleitender Text
- ◯ Fragen und Antworten in sinnvoller Reihenfolge
- ◯ nach jeder Antwort eine Reihe frei lassen
- ◯ sich zum Schluss für das Interview bedanken

Die Wittekind Schule

Die Wittekind Schule liegt im Stadtzentrum. Wir führten ein Interview mit den Schülerinnen und Schülern der Klasse 5c:

Wie viele Kinder sind in einer Klasse?
In unseren fünften Klassen sind 28 Kinder.

Nutzt ihr im Unterricht Tablets?
Nicht immer, aber wir haben für alle fünften Klassen einen Tabletwagen. Wir arbeiten damit ungefähr viermal in der Woche.

Schmeckt das Essen in der Mensa gut?
…
Wir bedanken uns bei der Klasse 5c für das Interview!

- strategiegeleitet ein Interview vorbereiten (Schreibziel) und am Computer notieren
- Produzieren und Präsentieren

- KV: 125, 126
- KV Fö/FO

- 79

Texte mit dem Computer präsentieren

1 Auch die Kinder der Klasse 4a haben ihr Interview mit dem Computer geschrieben. Vergleicht es mit dem Interview auf Seite 44. Was fällt euch auf?

Das Kästner-Gymnasium
Das Kästner-Gymnasium liegt im Ortsteil Haste.
Es wird von 1100 Schülerinnen und Schülern besucht. Wir führten ein Interview mit den Schülerinnen und Schülern der Klasse 5b:

Wie viele Kinder sind in einer Klasse?
In meiner Klasse sind 29 Kinder.
Habt ihr moderne Klassenräume?
Ja, wir haben in unserer Klasse Drehstühle und verstellbare Tische. Außerdem arbeiten wir mit einem Smartboard.
IST DIE TURNHALLE GUT AUSGESTATTET?
Ja, die Turnhalle ist ganz neu. Wir haben sogar eine Kletterwand.
WIR BEDANKEN UNS BEI DER KLASSE 5B FÜR DAS INTERVIEW.

2 Welches der beiden Interviews könnt ihr besser lesen? Begründet.

3 Welche der folgenden Tipps zur Textgestaltung sind sinnvoll? Kreuze an.

- ◯ Gestalte den Text möglichst bunt, dann wird er lieber gelesen.
- ◯ Verwende nicht zu viele verschiedene Schriftarten, sonst wird der Text zu unruhig.
- ◯ Achte auf sinnvolle Absätze und Zeilenabstände.
- ◯ Viele verschiedene Schriften lassen den Text interessanter wirken.
- ◯ Verwende wenige Farben, um bestimmte Sätze oder Wörter hervorzuheben.

4 Schreibe das Interview aus Aufgabe 1 mit dem Computer auf und gestaltet es.

5 Was möchtet ihr über die weiterführende Schule wissen? Führt selbst ein Interview und schreibt es auf.

Zeitformen kennen: Zukunftsform (Futur I)

1 Welches Kind spricht über die Zukunft? Begründet eure Entscheidung.

Wenn man über die Zukunft spricht, verwendet man häufig die **Zukunftsform (Futur I)**.

Die **Zukunftsform** wird aus einer Personalform von **werden** und der Grundform des Verbs gebildet. Hier ist **werden** ein **Hilfsverb**.

Ich **werde** heute später nach Hause **gehen**.
Du **wirst** heute später nach Hause **gehen**. …

2 Markiere die Zukunftsform in den Sprechblasen.

Zeitformen kennen: Zukunftsform (Futur I)

1 Markiere die Zukunftsform in den Sätzen.

Ich werde mal in fremde Länder reisen.

Du wirst viel erleben.

Sven wird mich morgen besuchen.

Wir werden einen Ausflug machen.

Ihr werdet das Buch zu Hause lesen.

Tim und Sina werden einen Vortrag halten.

Hilfsverb **werden**:
ich **werde**
du **wirst**
er, sie, es **wird**
wir **werden**
ihr **werdet**
sie **werden**

2 Schreibe die Sätze in der Zukunftsform auf.

Ich habe ein eigenes Haus.

Ich werde ein eigenes Haus haben.

Wir lernen sieben verschiedene Sprachen.

Mina fährt als Kapitänin über die Meere.

Ihr schreibt spannende Romane.

Joyce und Maxim fotografieren seltene Tiere.

Du baust viele nützliche Dinge.

3 Schreibe über deine Zukunftspläne in der Zukunftsform.

- sprachliche Begriffe kennen und verwenden
- Zeitstufen bei Verben unterscheiden und nutzen: Futur I

- KV: 127, 129, 130
- KV Fö/FO
-

- 81

Zeitformen kennen und verwenden

1 Ordnet die Zeitformen den Sprechblasen zu.
Begründet.

(1) Präsens (2) Perfekt (3) Präteritum (4) Futur I

○ Vor zwei Wochen las ich ein spannendes Buch.

○ Ich habe gestern dieses Buch gelesen.

○ Ich lese gerade ein Buch über Wale.

○ Nächste Woche werde ich ein Detektivbuch lesen.

2 Markiere die Verben und Hilfsverben in den Sätzen.
Schreibe die passende Zeitform aus Aufgabe 1 zu den Sätzen.

Gestern sah ich einen Film. ______________________________

Ich sehe gerade einen Trickfilm. ______________________________

Ella hat den Märchenfilm gesehen. ______________________________

Morgen werde ich einen Abenteuerfilm sehen. ______________________________

3 Schreibe den Satz in den verschiedenen Zeitformen auf.

Ich halte einen Vortrag über berühmte Entdeckerinnen.

Präteritum: ______________________________

____

Perfekt: ______________________________

____

Futur I: ______________________________

____

- Zeitstufen bei Verben unterscheiden und nutzen: Präsens, Perfekt, Präteritum, Futur I
- vermuten und begründen

- KV: 128–130
- KV Fö/FO
- ▶

- 82

Zeitformen kennen und verwenden

1 Trage die Verben in den angegebenen Zeitformen in den Text ein.

Ich ______________ schon immer Forscher werden. (wollen / Präteritum)

Am spannendsten ______________ ich die Arktis. (finden / Präsens)

Lilly und ich ______________ gerade ein Buch

über Eisbären ______________. (lesen / Perfekt)

Sie sagt: „Die Tiere der Arktis ______________ du

als erstes ______________." (erforschen / Futur I)

2 Entscheide für jeden Satz, welche Zeitform am besten passt.
Schreibe den Text mit den passenden Zeitformen auf.

> Vor einigen Tagen ich meinen Freunden von meinen Zukunftsplänen (erzählen).
> Liam mich (fragen): „Ich das gerade richtig (verstehen)?
> Du Astronaut werden (wollen)?" Ich ihm (antworten): „Ja, das mein großer
> Traum (sein). Ich zum Mars (fliegen)."

____

____

____

____

____

____

____

____

____

3 Wie viele verschiedene Zeitformen können in einem Text vorkommen?
Überlegt gemeinsam.

Sätze umstellen, Satzglieder bestimmen

1 Aus wie vielen Satzgliedern besteht der folgende Satz? Überlegt gemeinsam.

Die Tischlerin zeigte der Klasse gestern in ihrer Werkstatt einen Hobel.

Fachwörter, Seite 66

2 Schreibe den Satz aus Aufgabe 1 zweimal umgestellt auf.
Markiere die Satzglieder in den passenden Farben.

In ihrer Werkstatt ______________________

____

____

____

3 Stelle die Sätze so um, dass die Ergänzung des Ortes an erster Stelle steht.
Markiere alle Satzglieder in den passenden Farben.

Eine Tischlerin erklärt uns in der Schule ihren Beruf.

____

Sie arbeitet seit drei Jahren in ihrer eigenen Tischlerei.

____

Wir besuchen sie morgen in ihrer Werkstatt.

____

4 Ergänze die angegebenen Satzglieder.

Der Bäcker backt ______________________

____

(Ergänzung des Ortes, Ergänzung der Zeit, Wen/Was-Ergänzung).

Der Verkäufer schenkte ______________________

____

(Wem-Ergänzung, Ergänzung des Ortes, Wen/Was-Ergänzung).

Verben mit Akkusativobjekt oder Dativobjekt

1 Könnt ihr frei entscheiden, ob ihr die Satzanfänge mit einem **Akkusativobjekt** oder einem **Dativobjekt** vervollständigt? Begründet.

dem Freund den Freund

Ich vermisse …
Er besucht …

Ich helfe …
Sie begegnet …

Zu bestimmten Verben gehört im Satz eine Wen-oder-was-Ergänzung **(Akkusativobjekt)**: besuchen, lieben, treffen, kennen, vermissen …
Ich besuche den Freund.

Zu bestimmten Verben gehört im Satz eine Wem-Ergänzung **(Dativobjekt)**: helfen, glauben, gehören, begegnen, …
Ich helfe dem Freund.

2 Schreibe Sätze mit den Verben und einem passenden Objekt.

glauben kennen sehen gratulieren bewundern vertrauen
treffen besuchen antworten schaden

den Forscher — Ich kenne den Forscher.

dem Forscher — Ich glaube dem Forscher.

3 Schreibe Sätze mit den Objekten. Markiere die Verben.

ein Kind einem Kind einem Gärtner einen Gärtner

· die maßgebliche Bedeutung des Verbs im Satz erkennen (Verben mit zwingender Akkusativ- oder Dativfolge)

· KV: 132
· KV Fö/FO

· 84

Merkwörter mit V/v richtig schreiben (M)

1 Warum ist das Kind unsicher? Tauscht euch aus.

2 Schreibe die Wörter geordnet auf.

bevor Detektiv Interview Silvester Vase
Verein vielleicht Virus vorbei Vulkan

v klingt wie f: bevor, ______

v klingt wie w: Interview, ______

3 Schreibe Sätze mit den Wörtern.

davor vollständig vom vor voraus vielleicht viel

4 Schreibt die Sätze als Partnerdiktat.

Nina möchte einmal in einer versteckten Villa leben.
Milad wird später ganz verrückte Pullover entwerfen.
Tom wird vielleicht eine Geisterbahn mit Vampiren bauen.
Dario will die Verschmutzung der Umwelt verbieten.
Vera möchte eine berühmte Klavierspielerin werden.
Merve wird alle aus ihrer Klasse sehr vermissen.

5 Sammle Wörter, die mit Ver/ver und Wörter, die mit Vor/vor anfangen. Schreibe zwei Listen.

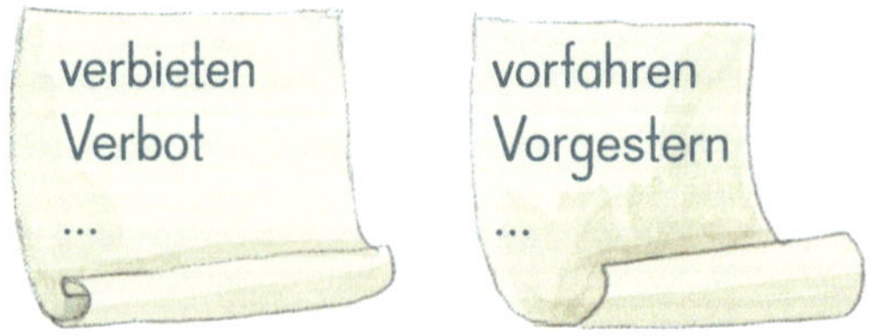

- Rechtschreibstrategie anwenden: merken bei Merwörtern mit V/v
- KV: 133
- KV Fö/FO
- RS: S. 14
- 85, 87

Mit Rechtschreibstrategien Texte verbessern

1 Welche Strategie hilft euch,
die Wörter an der markierten Stelle
richtig zu schreiben? Erklärt.

Seltenheit räumen sie heißt
ablesen lassen Vanille Ziel Weg

2 Welche Strategien helfen dir, die markierten Wörter richtig zu schreiben?
Notiere die Strategien und verbessere das Wort.

Schule der zukunft Zukunft

So stele ich mir die Schule vor: ______

Es gibt Räume mit Wenden aus Glas. ______

Nichts ist dort ferboten. ______

Alle Kinder lernen ser gerne. ______

Alle Fächer sind interesant. ______

Mittags bestellt man sich das essen. ______

Im Unterricht darf man sein Handy benuzen. ______

3 Sina hat in ihrem Text einige Wörter falsch geschrieben. Markiere.
Welche Strategien muss sie noch üben?

Wen ich morgens aufstehen mus,
bin ich imer noch furchtbar müde.
Ich lase mir beim frühstück viel zeit.
In der Zeitung lese ich die seite für Kinder.
Die ist sehr interessant.
Dann fahre ich mit dem rad zur Schule.

Diese Strategien muss Sina noch üben:

Lieblingsfehler
Heft B, Seite 54

Texte mit dem Computer bearbeiten

So kann ich Texte mit dem Computer verbessern und gestalten.

Ich korrigiere Rechtschreibfehler.

Ich überprüfe Satzbaufehler und Grammatikfehler.
Manchmal werden diese markiert.

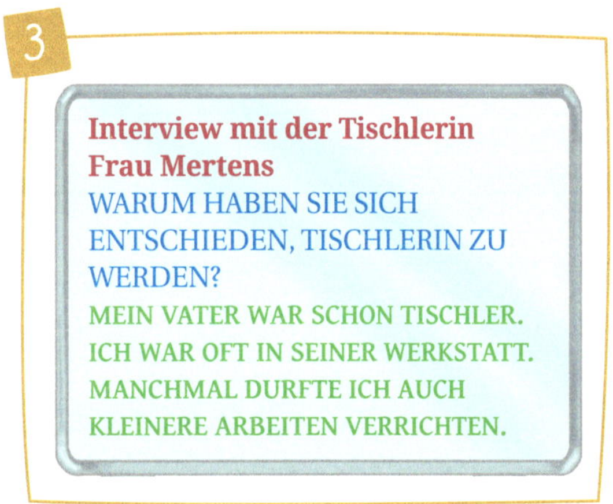

Ich verwende nicht zu viele Schriften und Farben.

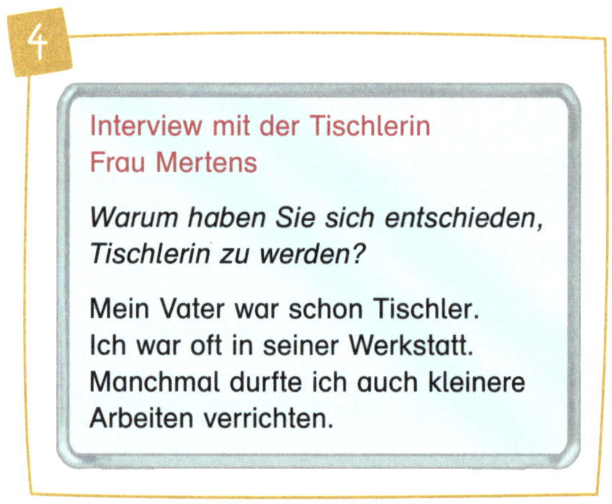

Ich achte auf sinnvolle Abstände.

1 Befrage eine Person zu ihrem Beruf.
Schreibe das Interview mit dem Computer auf.

- Arbeitstechniken selbstständig nutzen: Texte mit dem Computer korrigieren und gestalten
- Produzieren und Präsentieren

Merkwörter mit V/v Ⓜ

Merkwörter mit V/v

- bevor
- davor
- der **Detektiv**
- das Interview
- Silvester
- die **Vase**
- vergessen
- vielleicht
- die **Villa**
- vollständig
- vorbei
- der **Vulkan**

1 Schreibe die gesuchten Übungswörter auf.

Beschreibung	gesuchtes Wort
fünf Buchstaben, ein doppelter Mitlaut	
vier Buchstaben, das v wird wie w gesprochen	
Nomen, das i vor dem v wird lang gesprochen	
unterscheidet sich durch zwei Buchstaben von dem Wort **bevor**	
enthält ie und einen doppelten Mitlaut	
das einzige Übungswort mit ä	
enthält ein doppeltes s	
drei Silben, enthält ie	

2 Setze passende Übungswörter ein.

Sylke führte ein ____________________ für die Schülerzeitung.

Sie stellte einem ____________________ einige spannende Fragen. Er erzählte,

dass vor einiger Zeit in einer ____________________ eingebrochen wurde.

Eine kostbare ____________________ und ein Gemälde mit

einem ausbrechenden ____________________ wurden gestohlen.

3 Setze die **kleinen Wörter** in die Sätze ein: davor bevor vorbei

„____________________ ich zur Schule gehe, bringe ich dir die Fahrradpumpe

____________________ . ____________________ muss ich noch mit dem Hund raus.“

Merkwörter mit V/v M

1 Übe die Wörter mit der Profikarte.

2 Schreibe Sätze mit den Übungswörtern am Computer. Gestalte die Sätze.

3 Bei welchen Übungswörtern klingt das V/v wie F und bei welchem klingt es wie W? Schreibe die Übungswörter sortiert auf.

4 Führt ein Rechtschreibgespräch zu dem Wort verlieren .

Profikarte 9			
	bevor		
	davor		
	der Detektiv		
	das Interview		
	das Silvester		
	die Vase		
	vergessen		
	vielleicht		
	die Villa		
	vollständig		
	vorbei		
	der Vulkan		

5 Markiere die Übungswörter im Text.

Wenn ich erwachsen bin

So stelle ich mir meine Zukunft vor: Ich brauche keine große Villa, aber ich hätte gern ein Haus am Meer.
Vielleicht werde ich einmal Schriftstellerin.
Dann bin ich sehr berühmt und gebe überall Interviews.
Ich schreibe viele Detektivromane, die überall auf der Welt gelesen werden. Einige werden sicher auch verfilmt. Dann entscheide ich, wer die Hauptrollen bekommt. Oder ich werde eine große Künstlerin.
Ich entwerfe verrückte Teller und Vasen.
Die kann man zwar nicht benutzen, aber sie sind wahnsinnig teuer.

Allerdings würde ich auch gerne die großen Vulkane auf der Erde erforschen. Das ist gefährlich und spannend. Aber auf jeden Fall würde ich jedes Jahr ganz groß Silvester feiern.

6 Schreibe den Text mit dem Computer ab.

· Lern- und Arbeitstechniken nutzen
· methodisch sinnvoll abschreiben
· Wörter des Grundwortschatzes

· KV: 135–137, 157–160
· KV Fö/FO

· RS: S. 3

Zeitformen kennen und verwenden

1 Wähle eine Aufgabe aus.

a Verbinde die Sätze mit der passenden Zeitform.

Ich schreibe einen Test.	Futur I
Er fuhr nach Hause.	Perfekt
Wir werden morgen weiterlesen.	Präsens
Sie sind auf den Hof gelaufen.	Präteritum

b Setze die Verben in der angegebenen Zeitform ein.

Ich ____________ in den Ferien in ein Ferienlager. (fahren/Präsens)

Dort ____________ ich vor zwei Jahren schon einmal. (sein/Präteritum)

Damals ____________ es viel Spaß ____________. (machen/Perfekt)

Diese Mal ____________ meine Freundin ____________. (mitkommen/Futur I)

c Welche Zeitformen passen für die einzelnen Sätze des Textes am besten? Schreibe auf. Schreibe dann den Text verbessert auf.

Ich freue mich auf das neue Schuljahr. ____________

Die neue Schule sehe ich mir letzten Dienstag an. ____________

Das ist sehr interessant. ____________

Es gibt dort eine tolle Mensa. ____________

Da suche ich mir immer das leckerste Essen aus. ____________

Ich kann die Zeitformen passend verwenden.

- Zeitstufen bei Verben unterscheiden und nutzen: Präsens, Perfekt, Präteritum, Futur I
- vermuten und begründen

Nomen im Akkusativ und Dativ verwenden

1 Wähle eine Aufgabe aus.

a Schreibe die Sätze ab und setze das Nomen passend ein.

Akkusativobjekt: das Kind | Dativobjekt: dem Kind

Ella besucht ______________ (Akkusativobjekt) im Krankenhaus.

Das Tierbuch gehört ______________ (Dativobjekt) dort drüben.

Die Lehrerin kennt ______________ (Akkusativobjekt) schon lange.

Die Oma hilft ______________ (Dativobjekt) bei den Hausaufgaben.

Wir trafen ______________ (Akkusativobjekt) auf dem Spielplatz.

b Setze das Nomen passend im Akkusativ oder Dativ ein.

den Freund | dem Freund

Wir gratulieren ______________ zum Geburtstag.

„Ich glaube, die graue Jacke gehört ______________ von Mia.“

Opa kennt ______________ von Alex und Sina schon lange.

Milad und Aron treffen ______________ auf dem Fußballplatz.

c Welche der folgenden Verben können nur mit einem Dativobjekt verwendet werden. Schreibe Sätze mit diesen Verben.

gratulieren sehen begrüßen besuchen vertrauen fragen antworten

____

____

____

Ich kann Akkusativ und Dativ richtig verwenden. ☺ 😐

- Bedeutung des Verbs im Satz kennen (Verben mit Akkusativ- oder Dativfolge)
- eigenen Lernerfolg reflektieren

Merkwörter mit V/v

1 Wähle eine Aufgabe aus.

a Trage die passenden Merkwörter mit V/v ein.

Vollmond vier bevor verraten Verkehr vielleicht Viertelstunde vorbei

Nach fünfzehn Minuten war das Rennen schon __________ .

__________ du zu Max gehst, musst du die Hausaufgaben machen.

Bei __________ ist es draußen sehr hell.

Der __________ ist um 8.00 Uhr besonders schlimm.

Du darfst mein Geheimnis auf keinen Fall __________.

__________ komme ich morgen mit ins Kino.

Er kommt eine __________ zu früh zum Essen.

Ein Viereck hat __________ Ecken.

b Schreibe acht Wörter mit Ver/ver und acht Wörter mit Vor/vor auf.

Ver/ver __________

____

Vor/vor __________

____

c Schreibe jeweils fünf Nomen und Verben mit Ver/ver und mit Vor/vor auf.

____

____

____

Ich kann Merkwörter mit V/v richtig schreiben.

Frühling: Einen Schnellsprechvers schreiben

1 Sprecht die Schnellsprechverse möglichst schnell. Was fällt euch auf?

Blaue Blumen blühen beim Brombeerbusch.
Beim Brombeerbusch blühen blaue Blumen.

Rudi Regenwurm rast mit rostigem Regenschirm.
Rast Rudi Regenwurm mit rostigem Regenschirm?

2 Markiere in den Versen die Buchstaben, die sich häufig wiederholen.

3 Erklärt euch gegenseitig, wie ein Schnellsprechvers zum Frühling aufgebaut ist.

Checkliste: Schnellsprechverse schreiben
- ◯ Schnellsprechvers passt zum Thema
- ◯ viele Wörter klingen am Anfang ähnlich
- ◯ zwei Sätze
- ◯ Der erste Satz wird umgestellt nochmal aufgeschrieben.

4 Schreibe zu dem Wort in der Mitte einen Frühlings-Schnellsprechvers. Du kannst die Wörtersammlung verwenden.

sonnen   Sonnenliege   sorgfältig   Sonja

sorglos   **Sonnenschein**   selten

Sonntags   sanft   summen

____

____

5 Schreibe einen eigenen Schnellsprechvers zum Frühling. Beachte die Checkliste.

____

____

- Aufbau und Besonderheit eines Schnellsprechverses kennenlernen und beschreiben, selbst Verse schreiben
- KV: 142–144
- KV Fö/FO
- 95

Frühling: Einen Schnellsprechvers überarbeiten

1 Lest die Schnellsprechverse. Was ist gelungen?
Was wollt ihr verändern?

Fliegen fliegen durch die frische Frühlingsluft.
Fliegen fliegen durch die frische Frühlingsluft.

Gelbe Blumen blühen am Apfelbaum.
Blühen gelbe Blumen am Apfelbaum?

Bald blühen bunte Blumen brilliant in braunen Blumentöpfen.

2 Überarbeite die Schnellsprechverse von Aufgabe 1
und schreibe sie auf.

3 Überarbeite deinen Schnellsprechvers von Seite 60.

Schreibkonferenz
Heft A, Seite 29

4 Wie präsentieren die Kinder ihre Schnellsprechverse?
Tauscht euch aus.

5 Wähle eine Präsentationsform aus. Präsentiere deinen Schnellsprechvers.

Sommer: Haikus kennenlernen

1 Was ist für euch das Schönste am Sommer?

2 Was fühlt ihr, wenn ihr diese Haikus lest? Tauscht euch aus.

Sanft wiegen im Wind
Lange Getreideähren
Sommer ist ganz nah.

Endlich im Hotel
Hundert Menschen um mich rum
kein Schwimmbad in Sicht

3 Beschreibt den Aufbau eines Haikus.

Checkliste: Ein Haiku schreiben
- ◯ **1. Zeile**: fünf Silben, **2. Zeile:** sieben Silben, **3. Zeile:** fünf Silben
- ◯ Gefühle, Natur oder besondere Ereignisse werden beschrieben

4 Überprüft, ob das Gedicht ein Haiku ist.

Zelturlaub am Strand
Warme Sommernacht
Lagerfeuer brennt

5 Überarbeite das Gedicht so, dass es zum Aufbau eines Haikus passt.

___

___

___

Sommer: Ein Haiku schreiben

1 Laurin hat ein Haiku geschrieben? Wie ist er vorgegangen?

Der Himmel ist hell und ohne Wolken.
Überall blüht es.
Dann gehe ich gerne barfuß
durch das Gras.

Ein Sommerhimmel
Ein bunter Blütenteppich
Barfuß durch das Gras

2 Schreibe aus den Sätzen ein Haiku.

Nur wenige Wolken sind am Himmel.
Ich spüre die Sommerhitze.
Ich sehne mich nach dem blauen Meer.

____

____

____

3 Wähle ein Bild zum Thema Sommer aus.
Schreibe zwei oder drei Sätze dazu.
Verwende die Sätze für dein Haiku.

4 Tragt eure Haikus vor.

Wörter

Wörter bestehen aus Buchstaben:
Vokale (Selbstlaute) und **Konsonanten** (Mitlaute).
Silben sind Teile von Wörtern. Manche Wörter haben nur eine Silbe.
Wörter können zwischen den Silben **getrennt** werden.

Wörter mit demselben **Wortstamm** gehören zu einer **Wortfamilie**.
erklettern klettern Kletterer
Manchmal verändert sich der Wortstamm leicht.
Hochseil höher erhöhen

An einen Wortstamm kann man
Wortbausteine anfügen.

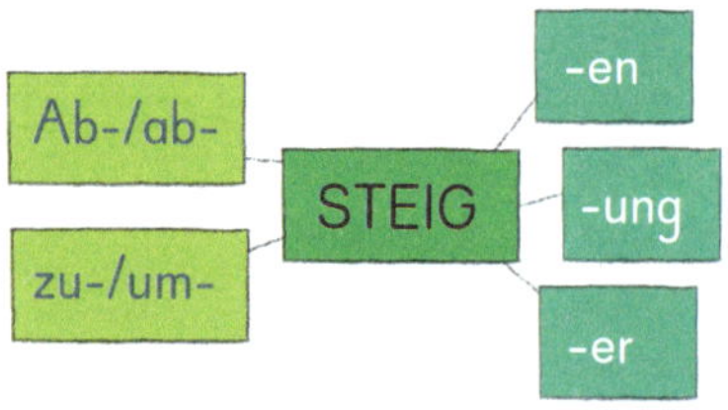

Adjektive

Adjektive geben an, **wie** etwas ist.
Viele Adjektive haben **Vergleichsstufen**.

Verben

Verben geben an, was jemand **tut** oder was **geschieht**.
Sie haben eine **Grundform** (Infinitiv) und **Personalformen**.
Bei den Personalformen verändern sich die Verben.

Verben zeigen die Zeit an, in der etwas geschieht.
Verben können in der **Gegenwart** (Präsens)
und in verschiedenen Vergangenheitsformen stehen.
Beim Sprechen verwendet man häufig
die **zusammengesetzte Vergangenheit** (Perfekt).
Beim Schreiben verwendet man häufig
die **einfache Vergangenheit** (Präteritum).

Die **Zukunftsform** (Futur) beschreibt,
was passieren kann oder wird.

· grundlegende sprachliche Begriffe kennen

Nomen

Nomen sind **Namen** für Menschen, Tiere, Pflanzen und Dinge und auch Namen, die Gedanken, Ideen, Gefühle und Zustände bezeichnen.
Nomen gibt es in der **Einzahl** (Singular) und in der **Mehrzahl** (Plural).

Nomen können einen **Artikel** haben.
Es gibt **bestimmte Artikel**: der, die, das.
Es gibt **unbestimmte Artikel**: ein, eine.

Nomen schreibt man **groß**.
Vor jedes Nomen kann man ein Adjektiv setzen.
Wörter mit den Wortbausteinen **-ung, -heit, -keit, -nis, -schaft, -tum** am Wortende sind Nomen.

Nomen kann man zusammensetzen.
Mit **zusammengesetzten Nomen** kann man sich genauer ausdrücken.
Das erste Wort ist das **Bestimmungswort**, das zweite Wort das **Grundwort**.
Der Artikel richtet sich nach dem Grundwort.

der Regen + die Jacke
die Regenjacke

Nomen können in vier **Fällen** stehen:

Wer-oder-was-Fall (Nominativ)	Wessen-Fall (Genitiv)	Wem-Fall (Dativ)	Wen-Fall (Akkusativ)
der Trainer	des Trainers	dem Trainer	den Trainer
die Brücke	der Brücke	der Brücke	die Brücke
das Seil	des Seils	dem Seil	das Seil

Im Wer-oder-was-Fall kann man am Artikel erkennen, ob das Nomen männlich, weiblich oder sächlich ist.

Satzglieder

Satzglieder sind **Teile eines Satzes**. Man erkennt sie durch **Umstellen**.

Die Klasse 4	fährt	heute	in den Klettergarten	.
In den Klettergarten	fährt	heute	die Klasse 4	.

Das Satzglied, das auf die Frage **Wer oder was ...?** antwortet, ist das **Subjekt**.

die Klasse 4

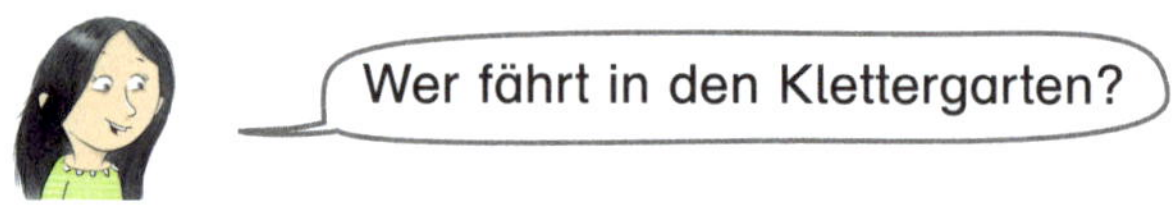

Das Satzglied, das auf die Frage **Was tut/tun ...?** antwortet, ist das **Prädikat**.

sie fährt

Das Satzglied, das auf die Frage **Wen oder was ...?** antwortet, ist die **Wen-oder-was-Ergänzung** (Akkusativ-Objekt).

die Kinder

Das Satzglied, das auf die Frage **Wem ...?** antwortet, ist die **Wem-Ergänzung** (Dativ-Objekt).

dem Trainer

Die **Ortsergänzung** informiert über Orte. Sie antwortet auf die Fragen **Wo ...? Woher ...? Wohin ...?**.

in den Klettergarten

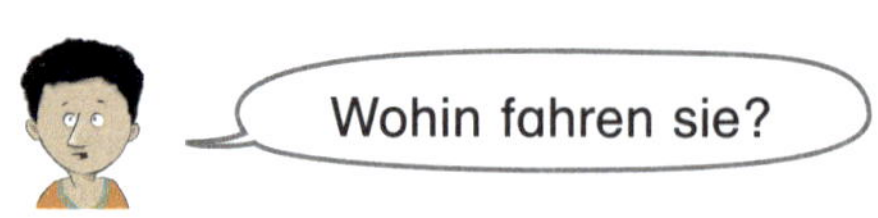

Die **Zeitergänzung** informiert über Zeiten. Sie antwortet auf die Fragen **Wann ...? Wie oft/lange ...? Seit wann ...?**.

heute

· grundlegende sprachliche Begriffe kennen

Sätze und Satzzeichen

Jörn klettert.

Am Ende eines Satzes steht ein **Satzzeichen**.
Am Ende eines **Aussagesatzes** steht ein **Punkt**.

Am Ende einer **Frage** steht ein **Fragezeichen**.

Nach **Ausrufen** und **Aufforderungen**
steht oft ein **Ausrufezeichen**.

Das erste Wort im Satz schreibt man **groß**.

Zwischen Wörtern, die etwas **aufzählen**,
werden **Kommas** gesetzt.
Zum Klettern brauchst du feste Schuhe,
einen Helm, Gurte und Karabinerhaken.

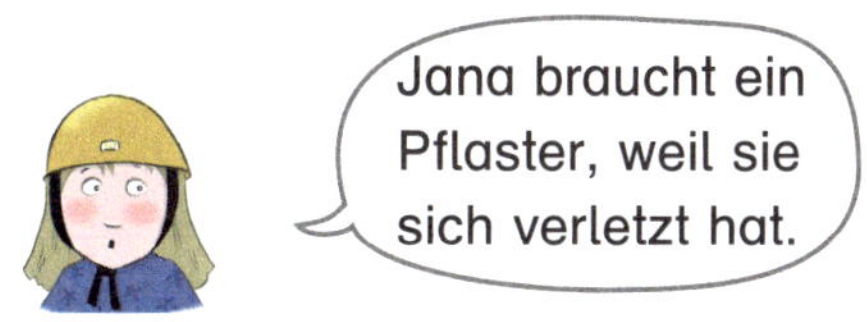

Sätze kann man mit einem **Bindewort** verbinden.
Vor dem Bindewort steht ein **Komma**.

Was jemand spricht, nennt man **wörtliche Rede**.
Im **Begleitsatz** steht, wer spricht und wie gesprochen wird.
Der Trainer sagt: „Willkommen im Klettergarten.“

Satzzeichen bei der wörtlichen Rede:

	Begleitsatz	:	„	wörtliche Rede		. ? !	“
„	wörtliche Rede (Aussage)		“	,	Begleitsatz	.	
„	wörtliche Rede (Frage)	?	“	,	Begleitsatz	.	
„	wörtliche Rede (Ausruf/Aufforderung)	!	“	,	Begleitsatz	.	

Der Trainer erklärt: „Dies hier ist unser Einstiegsparcours.“
„Den muss jedes Kind einmal durchklettern“, sagt er.
„Seid ihr bereit?“, fragt die Lehrerin.
„Ja!“, rufen die Kinder.

Wörterliste

A a

der **Abschied**, die Abschiede
abfahren, er fährt ab, er fuhr ab, er ist abgefahren
abschreiben, er schreibt ab, er schrieb ab, er hat abgeschrieben
abstellen, sie stellt ab, sie stellte ab, sie hat abgestellt
adressieren, er adressiert, er adressierte, er hat adressiert
ähneln, sie ähnelt, sie ähnelte, sie hat geähnelt
alle
das **Alphabet**, die Alphabete
alt, älter, am ältesten
die **Altstadt**, die Altstädte
am
ankommen, sie kommt an, sie kam an, sie ist angekommen
die **Anschaffung**, die Anschaffungen
sich **anstellen**, er stellt sich an, er stellte sich an, er hat sich angestellt
die**Anweisung**, die Anweisungen
die **Apotheke**, die Apotheken
der **Äquator**
außen
außerdem

B b

backen, er bäckt, er buk, er hat gebacken
der **Ball**, die Bälle
die **Bank**, die Bänke
der **Bär**, die Bären
der **Baum**, die Bäume
beenden, er beendet, er beendete, er hat beendet
befehlen, sie befehlt, sie befahl, sie hat befohlen
beginnen, es beginnt, es begann, es hat begonnen
die **Begleitung**, die Begleitungen
begrüßen, sie begrüßt, sie begrüßte, sie hat begrüßt
beinahe
beißen, es beißt, es biss, es hat gebissen
belohnen, er belohnt, er belohnte, er hat belohnt
die **Belohnung**, die Belohnungen
bemerken, sie bemerkt, sie bemerkte, sie hat bemerkt
die **Bereitschaft**
beschließen, sie beschließt, sie beschloss, sie hat beschlossen
der **Beutel**, die Beutel
bevor
der **Bewohner**, die Bewohner
der **Blick**, die Blicke
blind
der **Blitz**, die Blitze
der **Block**, die Blöcke
blühen, es blüht, es blühte, es hat geblüht
die **Botschaft**, die Botschaften
brandneu
das **Brauchtum**, die Brauchtümer
braun
bringen, sie bringt, sie brachte, sie hat gebracht
der **Brotlaib**, die Brotlaibe
der **Bruder**, die Brüder
buchstabieren, er buchstabiert, er buchstabierte, er hat buchstabiert
sich **bücken**, sie bückt sich, sie bückte sich, sie hat sich gebückt

C c

das **Cello**, die Cellos (die Celli)
der **Cent**, die Cent(s)
chatten, er chattet, er chattete, er hat gechattet
der **Clown**, die Clowns
der **Comic**, die Comics
der **Computer**, die Computer
die **Cornflakes** (Pluralwort)
der **Cowboy**, die Cowboys
die **Currywurst**, die Currywürste

D d

danken, sie dankt, sie dankte, sie hat gedankt
darum
davor
die **Decke**, die Decken
dehnen, er dehnt, er dehnte, er hat gedehnt
dein
deine
dekorieren, sie dekoriert, sie dekorierte, sie hat dekoriert
denken, er denkt, er dachte, er hat gedacht
der **Detektiv**, die Detektive
der **Dieb**, die Diebe
die **Dose**, die Dosen
draußen
drehen, sie dreht, sie drehte, sie hat gedreht
dreißig
drohen, er droht, er drohte, er hat gedroht
dürfen, er darf, er durfte, er hat gedurft

E e

ehrlich, ehrlicher, am ehrlichsten
eigenes
das **Eigentum**, die Eigentume
einstellig
das **Eis** (Pluralwort)
emotional, emotionaler, am emotionalsten
empfehlen, sie empfiehlt, sie empfahl, sie hat empfohlen
das **Ende**
das **Endergebnis**, die Endergebnisse
der **Endlauf**
endlich
endlos
die **Endnote**, die Endnoten
der **Endpunkt**, die Endpunkte
das **Endspiel**, die Endspiele
der **Endspurt**
die **Endstation**, die Endstationen
die **Endung**, die Endungen
entdecken, er entdeckt, er entdeckte, er hat entdeckt
die **Entfernung**, die Entfernungen
entscheiden, sie entscheidet, sie entschied, sie hat entschieden
die **Entschuldigung**, die Entschuldigungen
die **Erbschaft**, die Erbschaften
das **Ereignis**, die Ereignisse
ergänzen, er ergänzt, er ergänzte, er hat ergänzt
das **Ergebnis**, die Ergebnisse
erkältet
die **Erkältung**, die Erkältungen
die **Erlaubnis**, die Erlaubnisse
das **Erlebnis**, die Erlebnisse
erledigen, er erledigt, er erledigte, er hat erledigt
essen, er isst, er aß, er hat gegessen
das **Essen**, die Essen
die **Etage**, die Etagen
euer
experimentieren, sie experimentiert, sie experimentierte, sie hat experimentiert

F f

die **Fähigkeit**, die Fähigkeiten
das **Fahrrad**, die Fahrräder
die **Fahrt**, die Fahrten
fallen, es fällt, es fiel, es ist gefallen
fangen, er fängt, er fing, er hat gefangen
fehlen, es fehlt, es fehlte, es hat gefehlt
der **Fehler**, die Fehler
fehlerhaft
die **Finsternis**
der **Fleck**, die Flecken
fleißig, fleißiger, am fleißigsten
fliegen, er fliegt, er flog, er ist geflogen
fliehen, sie flieht, sie floh, sie ist geflohen
fließen, es fließt, es floss, es ist geflossen
der **Floh**, die Flöhe
das **Floß**, die Flöße
der **Fluss**, die Flüsse
das **Fohlen**, die Fohlen
der **Föhn**, die Föhne
fotografieren, sie fotografiert, sie fotografierte, sie hat fotografiert
fragen, er fragt, er fragte, er hat gefragt
fremd
der **Freund**, die Freunde
froh, froher, am frohesten
der **Froschlaich**
führen, sie führt, sie führte, sie hat geführt
funktionieren, es funktioniert, es funktionierte, es hat funktioniert
der **Fuß**, die Füße

G g

gähnen, sie gähnt, sie gähnte, sie hat gegähnt
ganz
die **Garage**, die Garagen
das **Gebäude**, die Gebäude
geben, er gibt, er gab, er hat gegeben
der **Geburtstag**, die Geburtstage
die **Gefahr**, die Gefahren
gefährlich, gefährlicher, am gefährlichsten
das **Gefängnis**, die Gefängnisse
das **Geheimnis**, die Geheimnisse
gehen, sie geht, sie ging, sie ist gegangen
das **Geländer**, die Geländer
gemeinsam
genießen, er genießt, er genoss, er hat genossen
das **Gepäck**
das **Gerät**, die Geräte
die **Gesellschaft**
das **Getränk**, die Getränke
das **Gewächs**, die Gewächse
gewinnen, er gewinnt, er gewann, er hat gewonnen
das **Gewitter**, die Gewitter
gießen, es gießt, es goss, es hat gegossen
die **Gitarrensaite**, die Gitarrensaiten
das **Glas**, die Gläser
glatt, glatter, am glattesten
glauben, sie glaubt, sie glaubte, sie hat geglaubt
graben, er gräbt, er grub, er hat gegraben
das **Graffiti**, die Graffitis
das **Gras**, die Gräser
gratulieren, sie gratuliert, sie gratulierte, sie hat gratuliert
groß, größer, am größten
der **Gruß**, die Grüße
gucken, sie guckt, sie guckte, sie hat geguckt

H h

haben, er hat, er hatte, er hat gehabt
der **Hai**, die Haie
die **Haltestelle**, die Haltestellen
die **Haltung**, die Haltungen
das **Handy**, die Handys
hängen, es hängt, es hing, es hat gehangen
häufig
die **Hauptstadt**, die Hauptstädte
das **Haus**, die Häuser
die **Haut**, die Häute
das **Heiligtum**, die Heiligtümer
heißen, sie heißt, sie hieß, sie hat geheißen
die **Heiterkeit**
heizen, er heizt, er heizte, er hat geheizt
hell, heller, am hellsten
die **Herrschaft**
hier
das **Hindernis**, die Hindernisse
die**Hitze** (Pluralwort)
hoch, höher, am höchsten
die **Höhle**, die Höhlen
hören, sie hört, sie hörte, sie hat gehört
die **Hose**, die Hosen
das **Huhn**, die Hühner
die **Hummel**, die Hummeln
der **Hund**, die Hunde
hupen, er hupt, er hupte, er hat gehupt

I i

ihn
ihr, ihre
im
in
informieren, er informiert, er informierte, er hat informiert
das **Internet**
das **Interview**, die Interviews
inzwischen
der **Irrtum**, die Irrtümer

J j

die **Jacke**, die Jacken
das **Jahr**, die Jahre
jetzt
die **Jury**, die Jurys

K k

der **Käfer**, die Käfer
der **Käfig**, die Käfige
der **Kaiser**, die Kaiser
kämmen, sie kämmt, sie kämmte, sie hat gekämmt
kassieren, er kassiert, er kassierte, er hat kassiert
die **Katastrophe**, die Katastrophen
die **Klasse**, die Klassen
klingen, es klingt, es klang, es hat geklungen
klug, klüger, am klügsten
kommen, sie kommt, sie kam, sie ist gekommen
können, er kann, er konnte, er hat gekonnt
krächzen, es krächzt, es krächzte, es hat gekrächzt
die **Krähe**, die Krähen
kratzen, sie kratzt, sie kratzte, sie hat gekratzt
kreativ, kreativer, am kreativsten
der **Krug**, die Krüge
die **Kuh**, die Kühe
kühl, kühler, am kühlsten
das **Küken**, die Küken

L l

laden, es lädt, es lud, es hat geladen
der **Laie**, die Laien
der/das **Laptop**, die Laptops
der **Lärm**
lärmen, es lärmt, es lärmte, es hat gelärmt
lärmend
lassen, er lässt, er ließ, er hat gelassen

laufen, sie läuft, sie lief, sie ist gelaufen
lecker, leckerer, am leckersten
der **Lehm**
die **Lehne**, die Lehnen
der **Lehrer**, die Lehrer
lesen, sie liest, sie las, sie hat gelesen
lieben, er liebt, er liebte, er hat geliebt
das **Lied**, die Lieder
liegen, sie liegt, sie lag, sie hat gelegen
loben, er lobt, er lobte, er hat gelobt
das **Los**, die Lose

M m

das **Mädchen**, die Mädchen
mähen, sie mäht, sie mähte, sie hat gemäht
der **Mai**
der **Mais**
man
die **Mannschaft**, die Mannschaften
markieren, sie markiert, sie markierte, sie hat markiert
der **März**
das **Mehl**
mein
merken, er merkt, er merkte, er hat gemerkt
messen, sie misst, sie maß, sie hat gemessen
mir
mit
möglichst
der **Monat**, die Monate
der **Mond**, die Monde
das **Mountainbike**, die Mountainbikes
die **Mücke**, die Mücken
müssen, er muss, er musste, er hat gemusst
mutig, mutiger, am mutigsten

N n

nachdem
nah, näher, am nächsten
die **Nähe**
die **Naht**, die Nähte
neben
nehmen, er nimmt, er nahm, sie hat genommen
das **Nest**, die Nester
niesen, er niest, er nieste, er hat geniest
nummerieren, sie nummeriert, sie nummerierte, sie hat nummeriert
nun
nur
nutzen, er nutzt, er nutzte, er hat genutzt

O o

obwohl
der **Ofen**, die Öfen
offen
ohne
Olympia
operieren, sie operiert, sie operierte, sie hat operiert
organisieren, er organisiert, er organisierte

P p

packen, sie packt, sie packte, sie hat gepackt
die **Physik**
piepen, es piept, es piepte, es hat gepiept
präsentieren, sie präsentiert, sie präsentierte, sie hat präsentiert
probieren, er probiert, er probierte, er hat probiert
putzen, sie putzt, sie putzte, sie hat geputzt

Qu qu

quaken, es quakt, es quakte, es hat gequakt

R r

der **Rahmen**, die Rahmen
ratlos
rauben, er raubt, er raubte, er hat geraubt
räumen, sie räumt, sie räumte, sie hat geräumt
sich **räuspern**, er räuspert sich, er räusperte sich, er hat sich geräuspert
das **Reh**, die Rehe
der **Reichtum**, die Reichtümer
reizen, sie reizt, sie reizte, sie hat gereizt
reparieren, sie repariert, sie reparierte, sie hat repariert
der **Rock**, die Röcke
die **Ruhe**
rühren, sie rührt, sie rührte, sie hat gerührt

S s

die **Säge**, die Sägen
sagen, er sagt, er sagte, er hat gesagt
die **Sahne** (Pluralwort)
sammeln, sie sammelt, sie sammelte, sie hat gesammelt
saugen, er saugt, er saugte, er hat gesaugt
die **Säule**, die Säulen
der **Schatten**, die Schatten
der **Schatz**, die Schätze
schick, schicker, am schicksten
schicken, er schickt, er schickte, er hat geschickt
schlafen, sie schläft, sie schlief, sie hat geschlafen
schläfrig, schläfriger, am schläfrigsten
schließen, er schließt, er schloss, er hat geschlossen
schmecken, es schmeckt, es schmeckte, es hat geschmeckt
schnell, schneller, am schnellsten
schnitzen, sie schnitzt, sie schnitzte, sie hat geschnitzt
schön, schöner, am schönsten
der **Schuh**, die Schuhe
die **Schuld** (Pluralwort)
die **Schule**, die Schulen
schwimmen, sie schwimmt, sie schwamm, sie ist geschwommen
sehen, er sieht, er sah, er hat gesehen
sehr
sein, seine
sein, ich bin, du bist, er/sie/es ist, wir sind, ihr seid, sie sind, ich war, du warst, er/sie/es war, wir waren, ihr wart, sie waren, ich bin gewesen
die **Seltenheit**
senden, gesandt
sich **setzen**, sie setzt sich, sie setzte sich, sie hat sich gesetzt
Silvester
der **Sitz**, die Sitze
sitzen, sie sitzt, sie saß, sie hat gesessen
spät, später, am spätesten
spätestens
der **Spatz**, die Spatzen

der **Spiegel**, die Spiegel
der **Stab**, die Stäbe
die **Stadt**, die Städte
stadtbekannt
städtisch
staubig, staubiger, am staubigsten
stecken, er steckt, er steckte, er hat gesteckt
stehen, es steht, es stand, es hat gestanden
stehlen, er stiehlt, er stahl, er hat gestohlen
steigen, sie steigt, sie stieg, sie ist gestiegen
steuern, sie steuert, sie steuerte, sie hat gesteuert
stinken, es stinkt, es stank, es hat gestunken
der **Strauß**, die Sträuße
streiten, er streitet, er stritt, er hat gestritten
die **Strophe**, die Strophen
das **Stück**, die Stücken
stützen, er stützt, er stützte, er hat gestützt
surfen, sie surft, sie surfte, sie hat/ist gesurft
süß, süßer, am süßesten
das **Symbol**, die Symbole

T t

das **Tablet**, die Tablets
der **Tag**, die Tage
täglich
der **Taifun**, die Taifune
das **Theater**, die Theater
der **Toaster**, die Toaster
toben, er tobt, er tobte, er hat getobt
trainieren, sie trainiert, sie trainierte, sie hat trainiert
die **Träne**, die Tränen
treffen, er trifft, er traf, er hat getroffen
der **Treibstoff**, die Treibstoffe
der **Triumph**, die Triumphe
trotzdem
das **T-Shirt**, die T-Shirts

U u

über
um
umfahren
der **Umweltschutz**
unendlich
ungefähr
ungekämmt
unsere
unter
unterwegs

V v

die **Vanille**
die **Vase**, die Vasen
das **Verbot**, die Verbote
verbieten, er verbietet, er verbot, er hat verboten
vergessen, er vergisst, er vergaß, er hat vergessen
das **Verhältnis**, die Verhältnisse
verreisen, er verreist, er verreiste, er ist verreist
verschlafen, sie verschläft, sie verschläft, sie hat verschlafen
sich **verspäten**, er verspätet sich, er verspätete sich, er hat sich verspätet
das **Verständnis**
die **Verwandtschaft**
verwandt
der **Verwandte**, die Verwandten
viel, mehr, am meisten
viele
vielleicht
die **Villa**, die Villen
der **Virus**, die Viren
der **Vogel**, die Vögel
vollständig
von
vor
vorne
die **Vorsicht**
vorsichtig, vorsichtiger, am vorsichtigsten
die **Vorstellung**, die Vorstellungen
der **Vulkan**, die Vulkane

W w

das **Wachstum**
wählen, sie wählt, sie wählte, sie hat gewählt
wahr
während
die **Wanderschaft**
der **Weg**, die Wege
die **Welt**
wickeln, er wickelt, er wickelte, er hat gewickelt
wiegen, es wiegt, es wog, es hat gewogen
die **Wildnis**
wissen, sie weiß, sie wusste, sie hat gewusst
die **Wissenschaft**, die Wissenschaften
der **Witz**, die Witze
wohnen, sie wohnt, sie wohnte, sie hat gewohnt
die **Wohnung**, die Wohnungen
wollen, er will, er wollte, er hat gewollt

X x

das **Xylofon**, die Xylofone

Y y

die **Yacht**, die Yachten
das **Yak**, die Yaks

Z z

die **Zahl**, die Zahlen
zähmen, sie zähmt, sie zähmte, sie hat gezähmt
der **Zeh**, die Zehen
zeigen, er zeigt, er zeigte, er hat gezeigt
das **Zeugnis**, die Zeugnisse
ziehen, sie zieht, sie zog, sie hat gezogen
das **Ziel**, die Ziele
das **Zimmer**, die Zimmer
der **Zug**, die Züge
zuhören, sie hört zu, sie hörte zu, sie hat zugehört
zusammen

Themen-Kapitel	Sprechen und Zuhören	Schreiben: Texte verfassen	Schreiben: Richtig schreiben	Sprache untersuchen	Lesen – mit Texten und Medien umgehen
Willkommen in Heft C Heft A S. 4–5	verschieden Wissenszugänge und Kompetenzen nutzen **4, 5**		verschieden Wissenszugänge und Kompetenzen für die Rätselaufgaben nutzen **4, 5**	verschieden Wissenszugänge und Kompetenzen für die Rätselaufgaben nutzen **4, 5**	verschieden Wissenszugänge und Kompetenzen für die Rätselaufgaben nutzen **4, 5**
Alles Werbung?! Heft C S. 6–23	beschreiben, berichten, Meinung einbringen, Werbung kritisch reflektieren **6**; eigene Meinung ausdrücken, verstehend und aktiv zuhören, Hörstrategien kennen und nutzen **7**	Schreibziel: Schreibabsicht und Verwendungszusammenhang klären, Merkmale von Werbesprüchen beschreiben **8**; Text- und Präsentationsform strategiegeleitet und kriterienorientiert gestalten: Werbeplakat **9**	Rechtschreibstrategie anwenden: Nomenprobe mit Adjektiv, sprachliche Operationen nutzen **13, 14, 22**; Rechtschreibstrategien anwenden: Silben schwingen und Verlängern bei Wörtern mit silbeninitialem h **15, 23**; Merkwörter mit C/c **16**; Merkwörter mit Ph/ph **17**; Arbeits- und Lerntechniken selbstständig nutzen: Im Wörterbuch nachschlagen **18**; Lern- und Arbeitstechniken nutzen, methodisch sinnvoll abschreiben, Wörter des Grundwortschatzes **19, 20**; eigenen Lernerfolg reflektieren **22, 23**	Möglichkeiten der Wortbildung kennen, grammatisches Wissen für Rechtschreibung nutzen: mit Wortbausteinen arbeiten **10**; begründen und erklären, Möglichkeiten der Wortbildung kennen und anwenden: Nomenkomposita **11, 21**; Adjektivkomposita **12, 21**; Mehrzahlbildungen, Wörtersammlung nach grammatischen Gesichtspunkten **14**; eigenen Lernerfolg reflektieren **21**	Erklärvideos und interaktive Übungen nutzen **8, 10–17**; Analysieren und Reflektieren **6**
Natur erleben Heft C S. 24–41	funktionsangemessen sprechen: genau beschreiben und erzählen, sich an Gesprächen beteiligen **24**; informierend und adressatenorientiert sprechen, wichtige und unwichtige Informationen unterscheiden **25**; Begründungen und Erklärungen geben **29, 31**	einen Bericht strategiegeleitet planen (W-Fragen, Stichpunkte zu den Textteilen) **26**; Text verbessern und ziel- und kriterienorientiert schreiben **27**	Regeln der Trennung am Zeilenende kennen und verwenden **33, 34, 41**; Merkwörtern mit ai und dt **35**; passende Lern- und Übungsformen zum Training der Rechtschreibkompetenz kennen und selbstständig nutzen **36**; Lern- und Arbeitstechniken nutzen, methodisch sinnvoll abschreiben, Wörter des Grundwortschatzes **37, 38**; eigenen Lernerfolg reflektieren **41**	Fachbegriffe verwenden: Genus des Nomens, Wörter sammeln und ordnen **28**; sprachliche Strukturen kennen: Fälle des Nomens, sprachliche Operationen nutzen: fragen **29, 30, 39**; Möglichkeit der Satzverbindung kennen, Bedeutung und Funktion der Bindewörter kennen und Komma setzen **31, 32, 40**; eigenen Lernerfolg reflektieren **39, 40**	Erklärvideos und interaktive Übungen nutzen **26–31, 33–35**
Wie wir uns verändern Heft C S. 42–59	funktionsangemessen sprechen: beschreiben und erzählen, aktiv eigene Vorstellungen einbringen **42**; richtige Fragetechnik reflektieren, Zuhörstrategien beachten, Zuhörstrategien beachten **43**	strategiegeleitet ein Interview vorbereiten (Schreibziel) und am Computer notieren **44**; Text kriteriengeleitet bewerten, überarbeiten und gestalten **45**	Rechtschreibstrategie anwenden: merken bei Merwörtern mit V/v **52**; Rechtschreibstrategien selbstständig anwenden, Fehlersensibilität entwickeln **53, 59**; Arbeitstechniken selbstständig nutzen: Texte mit dem Computer korrigieren und gestalten **54**; Arbeitstechniken nutzen, methodisch sinnvoll abschreiben, Wörter des Grundwortschatzes **55, 56**; eigenen Lernerfolg reflektieren **59**	Zeitstufen bei Verben unterscheiden und nutzen: Futur I **46, 47**; Zeitstufen bei Verben unterscheiden und nutzen: Präsens, Perfekt, Präteritum, Futur I, vermuten und begründen **48, 49, 57**; Satzglieder unterscheiden: Subjekt, Prädikat, Dativ, Akkusativ, Zeit- und Ortsergänzung **50**; die maßgebliche Bedeutung des Verbs im Satz erkennen (Verben mit zwingender Akkusativ- oder Dativfolge) **51, 58**; eigenen Lernerfolg reflektieren **57, 58**	Erklärvideos und interaktive Übungen **44–53**; Informieren und Recherchieren **43**; Produzieren und Präsentieren **44, 45, 54**
Fit durch das Jahr Heft C S. 60–63		Aufbau eines Schnellsprechverses kennenlernen, selbst Verse schreiben **60**; Schnellsprechverse bewerten, überarbeiten, verschiedene Rezitationsformen kennen **61**; Bauplan eines Haikus kennenlernen, Haiku überarbeiten **62**; Strategien zur Ideenfindung nutzen, Haikus schreiben und präsentieren **63**			Erklärvideos und interaktive Übungen nutzen **60–63**

westermann

BAUSTEINE

Spracharbeitsheft Teil B

Herausgegeben von
Gabriele Hinze

Erarbeitet von
Björn Bauch, Kirchzarten
Ulrike Dirzus, Iserlohn
Gabriele Hinze, Metelen
Alexandra Isack, Frankfurt
Kerstin Riesberg, Wallenhorst
Romina Stevens, Bramsche

4

Inhalt

Kompetenzen der Seite
Medienbildung

KV – Kopiervorlage
KV Fö/ FO – KV Fördern/Fordern
Erklärvideo

RS – Trainingsheft Rechtschreibstrategien
Interaktive Übungen

westermann

BAUSTEINE

Sprachbuch/Spracharbeitsheft

Das kann ich!

Name ______________________ Klasse ________

4

Inhalt

1 Ergänze die passenden Aufforderungsformen.

________________ bitte die Tür! (schließen)

________________ Sie die Öffnungszeiten. (beachten)

________________ mir mal den Ball. (geben)

Tim und Lea, ________________ Rücksicht! (nehmen)

2 Bilde Aufforderungssätze.
Verwende die richtige Aufforderungsform.

zeigen – dein – Bild – mir

____

Hinweise – Sie – wichtige – beachten

____

mehrere – verwenden – deiner Farben

____

beschreiben – Traumhäuser – eure – noch genauer

____

nächstes Spiel – viel – für euer – trainieren

____

Rückmeldung: ________________________

1 Bilde die Mehrzahl zu diesen Nomen.

das Ruder – ______________ die Bank – ______________

die Fee – ______________ der Markt – ______________

die Tür – ______________ der Garten – ______________

2 Bilde jeweils zwei Nomen mit den Wortbausteinen.

-nis: ______________________________

-tum: ______________________________

-schaft: ______________________________

3 Welche Wörter sind Nomen? Unterstreiche sie.
Schreibe sie verbessert auf.

klug	hindernis	bunt	angst	pflanze	machst
bewundern	gefühl	zorn	listig	schönheit	rund
mannschaft	schlau	eigentum	mutig	ehrlich	

____

____

____

☺ 😐

Rückmeldung: ______________________________

1 Ordne die Korrekturzeichen richtig zu. Verbinde.

R	Zeitfehler
T	Zeichenfehler
SF	anderer Fehler
Z	Sprachfehler
X	Rechtschreibfehler

2 Was bedeuten die Korrekturzeichen? Streiche das Fehlerwort durch. Schreibe die Verbesserung darüber.

Fantastic Fabian hat ein tolle superkraft, denn — SF R

er kann Metall mit seinen Bliken verbiegen — R Z

Gestern rettet er einen Kleinen Hund. Der Hund — T R

war von ein bösen Menschen gestolen und — SF R

in einen Käfig gesperrt worden.

Rückmeldung:

1 Ergänze die fehlenden Satzzeichen.

Hannah fragt Fantastic Fabian Seit wann hast du deine Superkraft? Ich habe sie, seitdem ich einen Film über Superhelden gesehen habe antwortet Fabian. Nicht dein Ernst! ruft Hannah überrascht. Fabian rät ihr Schau doch auch mal einen Superheldenfilm an!

2 Schreibe den Satz einmal mit einem vorangestellten und einmal mit einem nachgestellten Begleitsatz auf.

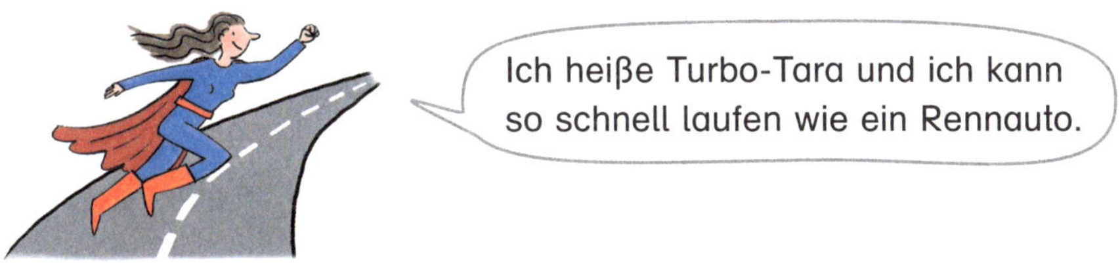

Rückmeldung:

1 Markiere alle Verben, die zum Wortfeld machen gehören.

bearbeiten kosten enthalten durchführen erledigen
herstellen ausführen bekommen frieren bedeuten

2 Verändere den Text durch passende Adjektive so, dass er abwechslungsreicher klingt.

Der schlaue, freche Robsi

Robsi ist sehr schlau.

___

Sein Erfinder, Max Mose, ist auch sehr schlau.

___

Es ist nicht einfach, einen schlauen Roboter auf Trapp zu halten.

___

___

Wenn Robsi sich langweilt, wird er frech.

___

Er sagt freche Dinge oder plant freche Streiche.

___

 Rückmeldung: ___

Wörter mit b/p, d/t, g/k richtig schreiben

1 Schreibe ein verlängertes Wort auf.
Markiere dann den richtigen Buchstaben.

kräfti$^{g}_{k}$: ______________________________

Urlau$^{b}_{p}$splanung: ______________________________

brei$^{d}_{t}$: ______________________________

er schrie$^{b}_{p}$: ______________________________

Flu$^{g}_{k}$hafen: ______________________________

sie la$^{g}_{k}$: ______________________________

2 Streiche in jedem Satz das falsch geschriebene Wort durch.
Schreibe das Wort mit seiner Verlängerung richtig auf.

____

Die Wantfarbe passt sehr gut zu der neuen Küche.

____

Ist der Film spannend oder eher langweillik?

____

Du bist tapferer als du glaupst und klüger als du denkst!

Zweiteilige Prädikate kennen

1 Wie sind die zweiteiligen Prädikate entstanden? Ordne zu. Markiere in der passenden Farbe.

Zweiteilige Prädikate entstehen bei:
- der Verwendung einer zusammengesetzten Zeitform.
- der Verwendung von Verben mit einem trennbaren Wortbaustein.
- der Verwendung von Hilfsverben (wollen, können, dürfen, sollen, müssen).

In den Ferien werde ich meine Großeltern besuchen.

Die Freunde wollen heute ins Kino gehen.

Diese Geschichte schreibe ich auf.

2 Markiere in jedem Satz das zweiteilige Prädikat.

Am Morgen reitet Mats mit seinem Pferd aus.

Dann baut er mit seinen Eltern den neuen Schreibtisch auf.

Mats durfte ihn allein aussuchen.

Das Möbelhaus hat das Paket gestern geliefert.

Rückmeldung: ______________________________

1 Schreibe zu jedem Wortstamm zwei Wörter der passenden Wortfamilie. Markiere immer den **doppelten Konsonanten** und den **kurzen Selbstlaut** davor.

FALL: ______________________________

SCHWIMM: ______________________________

BRENN: ______________________________

2 Schreibe das passende Verb in der Grundform auf.

Der Fisch schwamm. ____________________

Die Kerze brannte. ____________________

Das Blatt fiel. ____________________

Quiesel gewann. ____________________

3 Schreibe passende Wörter in die Tabelle.

kurzer Selbstlaut + doppelter Mitlaut	langer Selbstlaut + einfacher Mitlaut

Rückmeldung: ______________________________

1 Erfrage die Wen-oder-was-Ergänzung in den Sätzen. Markiere sie.

Ulf | trifft | seinen Vater Knut | im Langhaus.

Dort | legen | sie | Stoffe | in eine Truhe.

Dann | bringen | sie | die Truhe | ins Boot.

2 Erfrage die Wem-Ergänzung in den Sätzen. Markiere sie.

Vestar | folgt | dem Elch | in den Wald.

Abends | zeigt | er | Ake | das Geweih.

Er | erzählt | seinem Freund | von der Jagd.

3 Trenne die Satzglieder mit Strichen ab. Markiere das Akkusativ-Objekt und das Dativ-Objekt in den Sätzen.

Knut schenkt seiner Mutter einen Topf.

Der Schmied hat ihm den Topf verkauft.

Die Mutter zeigt ihrem Mann das Geschenk.

 Rückmeldung: ______

1 Schreibe ein verwandtes Wort mit **a** oder **au** auf.

Rätsel ____________ läuten ____________

Kräuter ____________ täuschen ____________

2 Was ist richtig: ä oder e, äu oder eu?
Schreibe die Wörter richtig auf.

f äu/eu cht h äu/eu fig h ä/e ll

L ä/e nge Pl ä/e tze tr äu/eu men

____

____

3 Streiche die falschen Buchstaben durch.

Auf den M ä/e rkten tr ä/e ffen sich viele M ä/e nschen.
Die Verk äu/eu fer haben ihre Waren auf B ä/e nken ausgelegt. Ihre H ä/e nde sind rot vor K ä/e lte.
Sie fr äu/eu en sich auf die W ä/e rme am F äu/eu er.

Rückmeldung: ____________

Ortsergänzungen und Zeitergänzungen kennen

1 Schreibe die passende Frage zu der markierten Ortsergänzung auf.

Sirius | macht | auf dem Mond Naxus | Urlaub.

___

Ein fremdes Raumschiff | kam | aus dem Nebel.

___

Marina | flog | in die neunte Galaxie.

___

2 Markiere die Zeitergänzungen in den Sätzen.

Ich werde morgen einen neuen Planeten besuchen.

Wir haben dreimal auf dem Flug getankt.

Vier Monate ist sie in der Station auf dem Mars geblieben.

Er wohnt seit November ganz allein auf dieser Seite des Mondes.

 Rückmeldung: ___

1 Setze **s** oder **ß** ein.
Schreibe die Wörter geordnet auf.

vorle__en flie__en grü__en Ha__e au__en

bewei__en Ra__en flei__ig

s: ______________________________

ß: ______________________________

2 Schreibe die Wörter mit einer Verlängerung auf.
Setze **s** oder **ß** ein.

lie__t ______________ ra__t ______________

bei__t ______________ sü__ ______________

lö__t ______________ Gra__ ______________

3 Setze **s** oder **ß** ein.

Auch auf dem Planet Solarum wächst Moo__.

Hier und dort sprie__t auch eine Blume.

Ein kleiner Alien nie__t heftig.

Er hat wohl zu lange am Strau__ gerochen.

Rückmeldung: ______________________________

1 Bilde aus den Vergleichen zusammengesetzte Adjektive.

weiß wie Schnee = ______

trocken wie Staub = ______

hart wie ein Stein = ______

müde wie ein Hund = ______

schnell wie ein Blitz = ______

gelb wie eine Zitrone = ______

2 Markiere alle zusammengesetzten Nomen und Adjektive.

Zurzeit arbeiten Lisa und ich an einer nagelneuen App. Mit der bärenstarken App ist es möglich, Märchenfiguren sprechen zu lassen.
Bisher funktionierte es einwandfrei. Doch als das bettelarme Aschenputtel vor dem rabenschwarzen Backofen fegen sollte, stieß sie den zitronengelben Putzeimer um. Daraufhin landete der bildhübsche Prinz auf dem klitschnassen Boden und war stocksauer!
Wir werden den Algorithmus überarbeiten.

☺ 😐

 Rückmeldung: ______

1 Schreibe zu jedem Bild das Wort.
Markiere die Silbengrenze.

 ______

 ______

 ______

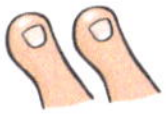 ______

2 Schreibe zu jedem Wortstamm zwei Wörter auf.

DREH: ______

GEH: ______

NÄH: ______

FRÜH: ______

3 Bildc die Grundform zu diesen Wörtern.

sie sieht: ______

er zieht: ______

sie sprüht: ______

er kräht: ______

sie ruht: ______

er steht: ______

Rückmeldung: ______

1 Frage immer nach dem markierten Nomen.
Welche Fragewörter passen?

Wer oder was? Wessen? Wem? Wen oder was?

Der Junge steigt in den Bach. ______________________

Der Blick des Jungen ist ängstlich. ______________________

Der Junge schaut auf seine Füße. ______________________

Eine Welle erreicht den Jungen. ______________________

Ole reicht dem Jungen die Hand. ______________________

2 Setze das Nomen Ente mit Artikel in den verschiedenen Fällen ein.

(Wer?) ________________ schwimmt auf dem Wasser.

(Wessen?) Das Gefieder ________________ wird nicht nass.

(Wen?) Ich locke ________________ ans Ufer.

(Wem?) Ich gebe ________________ trockenes Brot.

 Rückmeldung: ______________________

1 Schreibe die Wörter zu der passenden Trennungsregel.

Wasser See lachen über Stiefel zucken Frösche

a) Trenne Wörter vor ch, ck und sch:

____

b) Trenne nach Silben: ______________________________

c) Trenne nicht: Wörter mit einer Silbe: ______________________________

d) Trenne nicht nach Selbstlauten am Wortanfang:

____

2 Schreibe die Sätze ab.
Wende die Trennungsregeln bei jedem Wort an.

Alle Kinder treffen sich oben am Waldsee.

____

____

Benjamin nimmt seine Becherlupe in die Hand.

____

____

Rückmeldung: ______________________________

1 Verbinde die Sätze mit der passenden Zeitform.

Ich freue mich sehr.	Präteritum
In den Ferien werde ich mal so richtig ausspannen.	Präsens
Das habe ich schon lange nicht mehr gemacht.	Futur
Wir mussten letztes Jahr viele Tests schreiben.	Perfekt

2 Setze die angegebenen Zeitformen ein.

Letztes Jahr ________ wir in den Ferien auf Borkum.

sein/Präteritum

Man ________ mit einer Fähre auf die Insel.

fahren/Präsens

Das ________ letztes Mal viel Spaß ________.

machen/Perfekt

Ich ________ bald wieder ans Meer ________.

fahren/Futur

1 Schreibe die Wörter geordnet auf.

Vollmond	Vampir	Vieh	Vater
Villa	Vorrat	Violine	Vulkan

v klingt wie f: ______________________

v klingt wie w: ______________________

2 Schreibe fünf Wörter auf, die mit Vor/vor anfangen.

____

____

3 Schreibe fünf Wörter auf, die mit Ver/ver anfangen.

____

____

4 Schreibe zwei Sätze mit den Wörtern vor und von .

____

____

____

____

☺ 😐

Rückmeldung: ______________________

1 Wie heißen die Zeitformen des Verbs?
Trage in die Tabelle ein.

Grundform				
gehen	ich gehe	du gingst	er ist gegangen	wir werden gehen

2 Unterstreiche in dem Satz die Wortarten:
Nomen, Verb, Adjektiv, Pronomen, Artikel.

Wir kaufen ein neues Auto.

3 Welche Wörter bezeichnen Satzglieder? Markiere.

Nomen | Subjekt | Wortbaustein | Futur | Verb

Prädikat | Wortfamilie | Dativobjekt | Fragesatz

Akkusativobjekt | Vergangenheit | Ergänzung der Zeit

4 Was ist in den Wörtern markiert? Schreibe den Begriff auf.

Gehweg geht untergehen ______________________

 Rückmeldung: ______________________

Erarbeitet von
Björn Bauch (Kirchzarten), Ulrike Dirzus (Iserlohn), Gabriele Hinze (Metelen), Alexandra Isack (Frankfurt), Kerstin Riesberg (Wallenhorst) und Romina Stevens (Bramsche)

Abbildungsnachweis
|Baus, Lars, Münster: Titel, 10.1, 17.9. |Dähne, Thomas, Aurich: 21.1. |Glökler, Angela (Atelier echtgelb), Hamburg: Titel. |Hardt, Iris, Münster: 4.1. |Holland, Carola, Wien: 4.2, 7.1, 11.1, 12.1, 13.1, 15.1, 17.1, 17.2, 17.3, 17.4, 17.5, 17.6, 17.7, 17.8, 18.1. |Voets, Inge, Berlin: 7.2, 8.1, 14.1, 17.10.

Druck A[1] / Jahr 2022
Alle Drucke der Serie A sind im Unterricht parallel verwendbar.

Redaktion: Rifka Behrendt, Eric Fischer
Umschlaggestaltung: Visuelle Lebensfreude, Hannover
mit Illustrationen von Lars Baus und Angela Glökler (Quiesel)
Layout: Godewind, Hamburg
Satz und technische Umsetzung: Satzteam Bleifrei, Hildesheim
Druck und Bindung: Westermann Druck GmbH, Braunschweig

ISBN 978-3-14-**137307**-3

ISBN 978-3-14-**137307**-3

9 783141 373073

www.westermann.de

Diese Zeichen findest du in deinen Arbeitsheften:

Nutze dein Heft, um die Aufgabe zu lösen.

Überlege, ob du diese Arbeit
in deinem Portfolio sammeln willst.

Auf diesen Seiten erklärt dir Quiesel,
wie du vorgehst.

Das sind die Übungswörter des Kapitels.

In den Merkkästen werden die Fachbegriffe erklärt.

Zusatztexte erkennst du auch an dieser Farbe.

Aufgaben

- abschreiben, wiedergeben, ausführen
- anwenden, nachdenken, üben
- weiterdenken, forschen, begründen
- Auswahlaufgabe
- Diese Aufgabe kannst du mit einem Partnerkind bearbeiten.
- Gruppenarbeit

Rechtschreibstrategien

- Wörter in Silben schwingen und deutlich sprechen
- Wörter verlängern
- Wörter ableiten
- Nomen großschreiben
- Merken
- Mit Wortbausteinen arbeiten
- Länge des Selbstlautes prüfen

Das große Wissens-Spiel

1 Schaut euch die Ereignis-Karten und den Spielplan an. Wie geht das Spiel?

! Woran erkennst du ein Nomen?

Artikel, Großschreibung, Mehrzahl, Schiebemethode

! Spiele die Verben ohne Worte vor: essen, schlafen.

! Wie heißt ein Gedicht aus 11 Wörtern?

Elfchen

! Nenne 4 Nomen, bei denen Einzahl und Mehrzahl gleich sind.

z. B. Messer, Teller, Mädchen, Lehrer

!

Wer hat 21 Augen und kann doch nicht sehen?

ein Würfel

Welches Tier versteckt sich im Kaffee?

der Affe

Was sagt der große Stift zum kleinen Stift?

Wachs mal stift

Was passiert mit Anna, wenn sie ins Wasser springt?

Sie wird ANNA-NASS, Ananas

Ich bin dein Joker.

2 Trage das passende Karten-Zeichen ein:

☐ Wissenskarten

☐ Rätselkarten

☐ ____________karten

3 Gestaltet selbst Ereignis-Karten und auch einzelne Joker.

4 Spielt das Wissens-Spiel. Ihr könnt euch weitere Spielregeln ausdenken.

- Wortarten und Fachbegriffe wiederholen
- spielerische Rätselfragen lesen und (zuhörend) verstehen

- KV: 3, 4

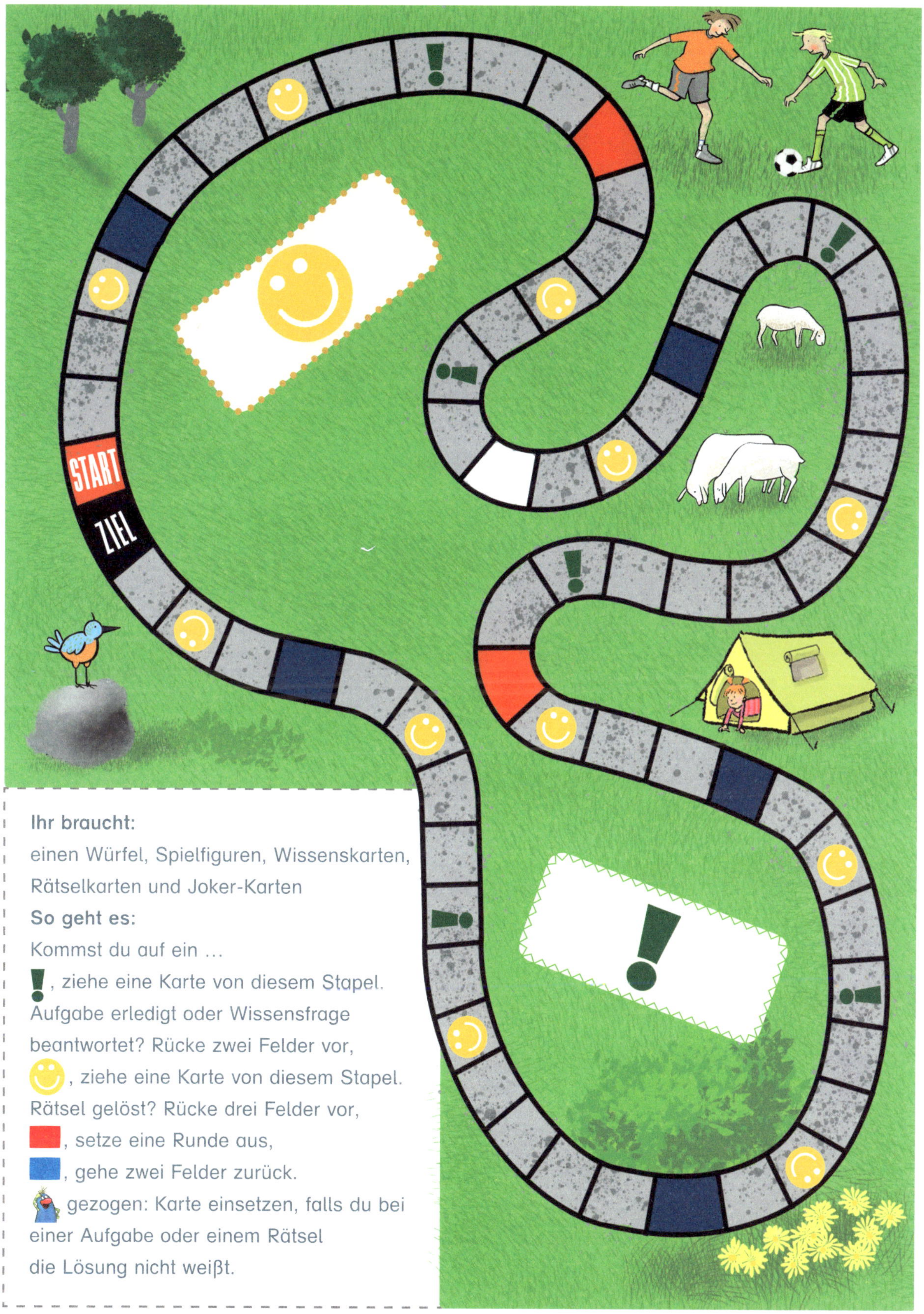

Ihr braucht:

einen Würfel, Spielfiguren, Wissenskarten, Rätselkarten und Joker-Karten

So geht es:

Kommst du auf ein …

!, ziehe eine Karte von diesem Stapel. Aufgabe erledigt oder Wissensfrage beantwortet? Rücke zwei Felder vor,

☺, ziehe eine Karte von diesem Stapel. Rätsel gelöst? Rücke drei Felder vor,

■ (rot), setze eine Runde aus,

■ (blau), gehe zwei Felder zurück.

gezogen: Karte einsetzen, falls du bei einer Aufgabe oder einem Rätsel die Lösung nicht weißt.

Kinder der Welt

1 Was erfahrt ihr über die Schulen und Schulwege der Kinder auf den Fotos?

2 Die beiden Kinder sprechen über ein Kinderrecht.
Markiere es in der Sprechblase.

3 Welche Kinderrechte kennt ihr noch? Tauscht euch aus.

4 Manche Kinder besuchen keine Schule. Warum ist das so? Recherchiert.

· funktionsangemessen sprechen: beschreiben und vermuten
· Informieren und Recherchieren

· KV: 49
· KV Fö/FO

Meinungen austauschen mit der Kugellager-Methode

1 Über welches Kinderrecht sprechen die Kinder? Notiere es:

____

2 Wie diskutiert man mit der Methode **Kugellager**? Erklärt.

3 Wählt ein anderes Kinderrecht aus. Diskutiert im Kugellager.

Recht auf Spiel und Freizeit
Recht auf Gesundheit **Recht auf Gleichheit**
Recht auf Nahrung, Kleidung und Wohnung

4 Ihr habt im Kugellager diskutiert. Was war daran gut? Tauscht euch aus.

So diskutieren wir im Kugellager:
1. Wir legen ein Thema fest.
2. Wir bestimmen Zeitwächter/in und Regelwächter/in.
3. Die Hälfte der Kinder setzt sich in einen Kreis.
4. Jedem Kind setzt sich ein anderes Kind gegenüber.
5. Der Außenkreis dreht sich nach einem Signal.

- beschreiben und erklären
- sich ergebnisorientiert an Gesprächsform (Kugellager) beteiligen

- KV: 50
- KV Fö/FO

Ein Lapbook planen

1 Ella hat ein Lapbook gestaltet.
Was ist das Besondere an einem Lapbook?
Beschreibt.

Planungsbogen

Kinder in Finnland

Teilthema	Form	Material
das Land	kleines Buch	Fotos, Kopien, Zeichnungen
die Sprache	bewegliche Pfeile	Papier, Klammern
Schule	Brief-umschlag	Fotos
verrückte Events	Blüte	Papier
Vornamen	Kinder-hand	Tonpapier
Kinder-spiele	...	...

2 Helena hat ihr Lapbook mit einem Planungsbogen vorbereitet und geplant. Erklärt, wie der Planungsbogen aufgebaut ist.

3 Informiere dich über Kinder in einem anderen Land. Erstelle dazu einen Planungsbogen für ein Lapbook.

So plane ich **ein Lapbook** mit **einem Planungsbogen**:

1. Ich wähle ein Thema aus.
2. Ich suche Informationen zum Thema.
3. Ich entscheide mich für Teilthemen.
4. Ich schreibe Stichpunkte zu den Teilthemen.
5. Ich wähle Form und Material passend aus.

- Strukturierungs- und Planungshilfe nutzen: Planungsbogen für Lapbook
- Informieren und Recherchieren

- KV: 51
- KV Fö/FO

Texte für ein Lapbook schreiben und gestalten

1 Zu welchem Teilthema hat Ella Stichpunkte aufgeschrieben?

2 Ella präsentiert ihre Informationen mit der Drehscheibe. Wie könnte sie die Informationen mit der Blüte präsentieren?
Überlegt gemeinsam.

Kinderspiele in Finnland
- Ballspiele: Inselball (Saaripallo)
- Laufspiele: Treppenfangen (Porrashippa), Staffellauf (Sukkulaviesti)
- Geschicklichkeitsspiele: Mölkky (mit einem Wurfholz wird auf Zahlenkegel geworfen)
- Winterspiele: Eislaufen, Skilaufen, Hundeschlitten fahren

Drehscheibe

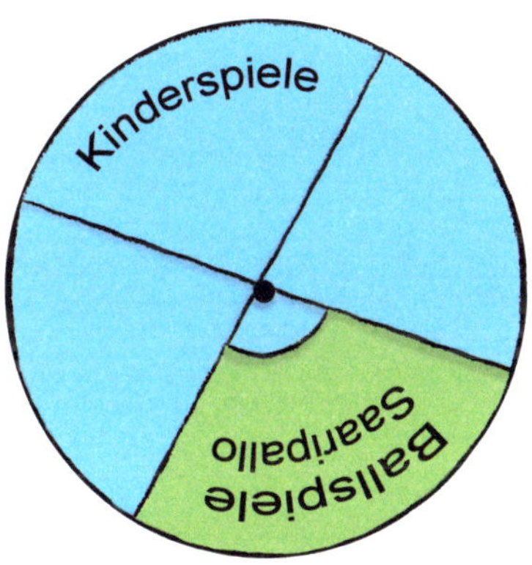

Blüte

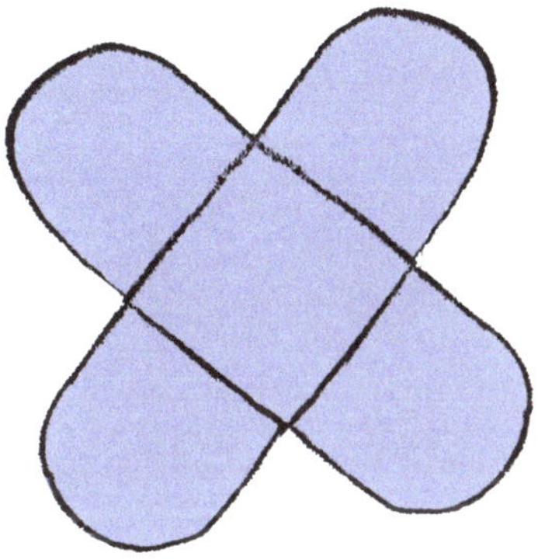

Checkliste: Informationen mit einem Lapbook präsentieren
- ◯ Informationen passen zum Teilthema.
- ◯ Inhalt und Form passen zusammen.
- ◯ Die Schrift ist gut lesbar.
- ◯ Die Gestaltung macht neugierig.

3 Gibt es weitere Möglichkeiten, die Informationen zu Kinderspielen zu präsentieren? Probiert aus und vergleicht.

4 Erstelle ein eigenes Lapbook. Nutze den Planungsbogen.

5 Präsentiere dein Lapbook.

Satzglieder finden und Subjekt bestimmen

1 Wie findet ihr in dem Satz die Satzglieder? Tauscht euch aus.
Zeichnet einen Strich hinter jedes Satzglied.

Viele Kinder fahren mit dem Bus zur Schule.

2 Stelle einige Sätze so um, dass der Text besser klingt.
Schreibe auf. Zeichne einen Strich hinter jedes Satzglied.

Kinder leben überall auf der Welt.
Sie gehen mit ihren Freunden zur Schule.
Sie helfen manchmal ihren Eltern bei der Arbeit.
Sie finden trotzdem jeden Tag Zeit zum Spielen.

____

____

____

____

____

3 Frage in jedem Satz nach dem Subjekt.
Unterstreiche das Subjekt. Schreibe wie im Beispiel.

○ Wer oder was ...? | Subjekt

Shari lebt in Südafrika.

Wer oder was lebt in Südafrika? Antwort: <u>Shari</u>

In der Schule trägt das Mädchen eine Uniform.

____

Ein Bus holt die Kinder zu Hause ab.

____

Zwei Stunden dauert die Fahrt.

____

· sprachliche Operationen nutzen: umstellen
· Fachbegriffe kennen, Satzglied Subjekt bestimmen

· KV: 53, 155, 156
· KV Fö/FO

· 31

Das Prädikat kennen

Was tut/tun …? Was geschieht …?
Stellst du das Prädikat nach vorne, entsteht ein Fragesatz.
Prädikat

1 Stelle den Satz dreimal um. Markiere das Prädikat.

Tom lebt mit seinen Eltern auf einer Farm in Australien.

2 Bilde aus jedem Satz eine Frage, sodass das Prädikat am Anfang steht. Markiere das Prädikat.

Auf Toms Farm gibt es viele Rinder und Schafe.

Gibt es viele Rinder und Schafe auf Toms Farm?

Beim Zusammentreiben der Rinder helfen die Pferde.

Die Hunde bewachen die Schafe.

Manchmal spielt Tom auch mit den Hunden.

Oft ist Tom in seinem Baumhaus.

Sein bester Freund wohnt 600 km weit weg.

Zweiteilige Prädikate kennen

1 Welches Satzglied ist in den Sätzen unterstrichen? Tauscht euch aus.

Amelia tauscht ins Meer ein. Sie hat ihre Taucherbrille vergessen.
Jetzt kann sie im tiefen Wasser nichts sehen.

Zweiteilige Prädikate entstehen bei:

– Verben mit einem abtrennbaren Wortbaustein:

vorlesen – Ich lese etwas vor. – Lese ich etwas vor?

– zusammengesetzten Zeitformen:

Ich habe etwas gelesen. – Habe ich etwas gelesen?

– Hilfsverben (wollen, können, dürfen, sollen, müssen):

Ich soll etwas vorlesen. – Soll ich etwas vorlesen?

2 Markiere in den Sätzen das zweiteilige Prädikat.
Schreibe die Grundform des Verbs hinter den Satz.

Nach einem langen Fußmarsch kommt Arif an der Schule an. ankommen

Jedes Kind stellt sich mit seinem Namen vor. ______

Alle packen ihre Schulbücher aus. ______

In der Mittagspause bereiten sie das Essen zu. ______

3 Schreibe den Text im Perfekt. Markiere das zweiteilige Prädikat.

Die Kinder schreiben Geschichten.
Später rechnen sie.
Am Nachmittag singen alle im Chor.
Erst abends fahren sie nach Hause.

Die Kinder haben Geschichten geschrieben.

______

______

______

- sprachliche Operationen nutzen: umstellen
- Fachbegriffe kennen, zweiteiliges Prädikat bestimmen

- KV: 55, 56
- KV Fö/FO

33

Zweiteilige Prädikate kennen

1 Schreibe jeden Satz als Frage auf. Markiere das zweiteilige Prädikat.

Jedes Kind muss ein Zuhause haben.

Muss jedes Kind ein Zuhause haben?

Jedes Kind will in Frieden leben.

Jedes Kind darf seine Meinung sagen.

Jedes Kind soll Freizeit haben.

2 Schreibe jeden Satz als Frage auf.
Markiere jeweils das zweiteilige Prädikat.

Meine Eltern und ich kaufen jeden Samstag zusammen ein.

Dann muss ich auf das Fußballspiel verzichten.

Ich habe es auf den Abend verschoben.

Beinahe wäre ich zu spät gekommen.

Meine Freunde waren schon alle versammelt.

Fremdwörter richtig schreiben (M)

1 Warum sind diese Wörter schwer zu schreiben? Tauscht euch aus.

emotional Jury Symbol Theater surfen Cornflakes

Fremdwörter kommen aus anderen Sprachen. Sie werden oft anders geschrieben als sie gesprochen werden.

2 Welche Fremdwörter sind abgebildet? Schlage nach und schreibe auf.

Nachschlagen
Heft C, Seite 18

____

____

3 Bilde zu jedem Fremdwort das passende Verb. Schreibe einen Satz mit dem Verb.

Adresse – adressieren: Der Brief ist an mich adressiert.

Adresse ✓ Information Reparatur Operation Experiment Training

4 Setze die passenden Fremdwörter in den Text ein.

Mountainbike Laptop Internet Handy Graffiti chatten kreative

Ich wollte mit meinem Freund Liam in Neuseeland ______________.

Mit meinem ______________ kam ich nur schlecht ins ______________.

Ich zog mein ______________ aus der Hosentasche. Damit ging es.

Liam hatte es eilig. Er wollte mit dem ______________

zur Schule fahren. In der ersten Stunde hatte er einen ______________-Kurs.

Ich wünschte ihm viele ______________ Ideen.

- Begründungen und Erklärungen geben
- Rechtschreibstrategie nutzen: Merken (Fremdwörter)

- KV: 57
- KV Fö/FO

- 34

Wörter mit doppeltem Mitlaut

1 Wie erkennt ihr, ob ein Wort mit doppeltem Mitlaut geschrieben wird?

Kro n/nn e | besti m/mm en | Bla t/tt

Länge des Selbstlautes?
Offene oder geschlossene Silbe?
Wortstamm?

2 Trage die Wörter passend in die Tabelle ein.

Gabel ✓ Messer ✓ Wasser Dose malen Welle Bett
beginnen Stiefel Kamm viele mutig Zimmer Säge

langer Selbstlaut – offene Silbe	kurzer Selbstlaut – geschlossene Silbe
die Gabel,	das Messer,

3 Sammele zu jedem doppelten Mitlaut möglichst viele Wörter in einer Liste.

ff	ll	mm	nn	rr	ss	tt
offen	hell	kämmen	Donner	Irrtum	essen	bitten

4 Finde zu jedem Wort drei Wörter aus der Wortfamilie. Markiere den Wortstamm.

schwimmt: Schwimmerin, ____________________

sperrt: ____________________

fällt: ____________________

brennt: ____________________

klappt: ____________________

misst: ____________________

Wörter mit ck richtig schreiben

1 Warum sind beide Wörter richtig geschrieben? Begründet.

spucken spuken

Der Selbstlaut vor dem **ck** ist immer kurz: strecken

2 Setze k oder ck ein.
Schreibe und markiere wie im Beispiel.

das Kü__k__en	die De__ck__e	das La____en	die Ja____e
die Lu____e	die Mü____e	die Kra____e	wi____eln
qua____en	ba____en	der Zu____er	die Pau____e

ck: die Decke, ____________________

k: das Küken, ____________________

3 Bilde bei den Verben die Grundform und bei den Nomen die Mehrzahl.
Schreibe und markiere wie im Beispiel.

backt ✓ Rock ✓ packt Stück bückt Fleck
Blick steckt Stock blickt Zweck guckt Block

Verben: backen – backt, ____________________

Nomen: Röcke – Rock, ____________________

· Begründungen und Erklärungen geben
· Rechtschreibstrategien nutzen: Schwingen, Vokallänge prüfen (Wörter mit ck und tz)

· KV: 59–61, 155, 156
· KV Fö/FO
·

· RS: S. 7, 8
· 36, 37, 39

Wörter mit tz richtig schreiben

1 Wann wird ein Wort mit **tz** und wann mit **z** geschrieben? Erklärt.

die Hitze	der Weizen
schützen	die Schnauze
kratzen	das Kreuz

2 Schreibe weitere Wörter zu den beiden Gruppen auf.

tz: die Hitze, ______

z: der Weizen, ______

3 Bilde bei den Verben die Grundform und bei den Nomen die Mehrzahl. Schreibe und markiere wie im Beispiel.

Die Zwielaute **ei eu äu ai au** werden immer lang gesprochen: heizen

putzt ✓	Sitz ✓	reizt	Schatz	Platz	stützt
nutzt	Blitz	Spatz	Witz	kratzt	heizt

Verben: putzt – putzen, ______

Nomen: der Sitz – die Sitze, ______

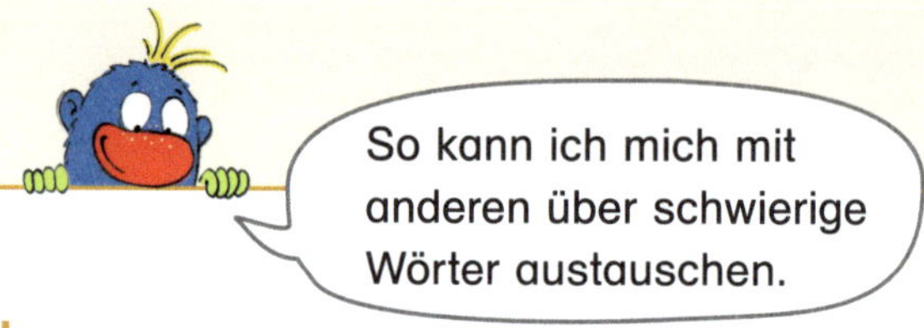

Ein Rechtschreibgespräch führen

Wir erklären die Bedeutung des Wortes und markieren schwierige Stellen.

Wir sprechen über die schwierigen Stellen und malen passende Strategiezeichen dazu.

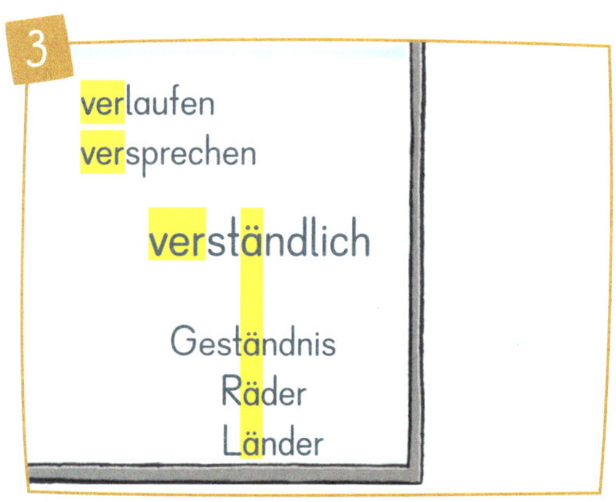

Wir überlegen, in welchen Wörtern diese schwierigen Stellen noch vorkommen.

Wir überlegen, wo wir das Wort im Wörterbuch finden können.

1 Führt Rechtschreibgespräche zu diesen Wörtern:

unterschiedlich   Katzenschreck   Schulhund   genüsslich   Pizzabäcker

- über Rechtschreibstrategien reflektieren und sie anwenden
- Übungsformen selbstständig nutzen

- KV: 157–160

Wörter mit doppeltem Mitlaut und mit tz und ck

Wörter mit doppeltem Mitlaut
brennen
das Essen
sammeln
der Schatten
treffen
zusammen
Wörter mit tz und ck
die Hitze
jetzt
setzen
lecker
der Rückweg
das Zuckerrohr

1 Suche zu jedem Wort ein verwandtes Übungswort.

das Rohr ______

angebrannt ______

Esslöffel ______

erhitzen ______

die Sammlung ______

der Treffpunkt ______

schattig ______

die Versetzung ______

der Leckerbissen ______

2 Setze diese **kleinen Wörter** in den Text ein: dort ihrer sie zur sind

Tina läuft ______ Schule. Unterwegs trifft ______ viele Kinder. Als alle ______ angekommen ______, beginnt schon der Unterricht. Tina hilft ______ Freundin bei einer Aufgabe.

3 Schreibe selbst Sätze mit den **kleinen Wörtern** von Aufgabe 2.

______

______

______

______

______

· Lern- und Arbeitstechniken nutzen
· Wörter des Grundwortschatzes

· KV: 62–64, 157–160
· KV Fö/FO

Wörter mit doppeltem Mitlaut und mit tz und ck

1 Übe die Wörter mit der Profikarte.

2 Führt ein Rechtschreibgespräch zu dem Wort:

Bäckermütze

3 Ergänze die Reimwörter aus der Profikarte.

Matten – ______________________

Spitze – ______________________

Wecker – ______________________

4 Markiere die Übungswörter im Text.

Profikarte 4			
	brennen		
	das Essen		
	sammeln		
	der Schatten		
	treffen		
	zusammen		
	die Hitze		
	jetzt		
	setzen		
	lecker		
	der Rückweg		
	das Zuckerrohr		

Ein Tag bei Kito

Am Morgen geht Kito in die Schule. Nach der Schule hilft er seiner Mutter. Kito geht zum Markt und kauft für das Abendessen ein. Auf dem Rückweg sammelt er Brennmaterial für die Feuerstelle. Es sind kleine Äste, Elefantengras und Zuckerrohr.

Am Nachmittag hat Kito Freizeit. Er trifft sich mit seinen Freunden. Wegen der Hitze setzen sie sich unter einen Baum in den Schatten. Dort packen alle leckeres Essen für ein Picknick aus. Bevor es dunkel wird, rennt Kito nach Hause. Unterwegs nimmt er noch Wasser aus dem Nachbarort mit.

Zusammen mit seiner Mutter bereitet Kito jetzt das Abendessen vor. Es gibt Süßkartoffeln mit Huhn in Erdnusssoße.

5 Schreibe den Text in deiner schönsten Schrift ab.

Zweiteilige Prädikate kennen

1 Wähle eine Aufgabe aus.

a Markiere die zweiteiligen Prädikate in den Sätzen.

zusammensitzen : Die Kinder sitzen an einem Tisch zusammen.

aufzählen : Tina zählt die Kinderrechte auf.

abschreiben : Micha schreibt einen Text dazu ab.

auswählen : Kira wählt Bilder aus.

nachschlagen : Sie schlagen viele Infos in Büchern nach.

b Schreibe die Sätze im Perfekt auf. Markiere die zweiteiligen Prädikate.

Amiri fährt mit dem Bus zur Schule.

____

Unterwegs sehen sie eine Elefantenherde.

____

Nach zwei Stunden erreichen sie die Schule.

____

Amiri erzählt ihrer Freundin von den Elefanten.

____

c Wann entsteht in einem Satz ein zweiteiliges Prädikat?
Schreibe zu jeder Möglichkeit einen Beispielsatz.

Perfekt: ________________________________

Hilfsverb: ________________________________

Verb mit trennbarem Wortbaustein: ____________________

____

Ich kann zweiteilige Prädikate in Sätzen erkennen und verwenden.

- Fachbegriffe kennen, zweiteiliges Prädikat bestimmen
- den eigenen Lernerfolg reflektieren

Wörter mit doppeltem Mitlaut

1 Wähle eine Aufgabe aus.

a Schreibe die Wortfamilien sortiert auf. Markiere die Wortstämme.

stellen schaffen abschaffen die Haltestelle kämmen
die Anschaffung anstellen der Kamm ungekämmt

STELL: ______________________

SCHAFF: ______________________

KAMM: ______________________

b Schreibe die Wörter geordnet in die Tabelle.

der Fü$^{l}_{ll}$er der Ne$^{b}_{bb}$el bie$^{t}_{tt}$en die Da$^{m}_{mm}$e gewi$^{n}_{nn}$en
die Flü$^{s}_{ss}$e kle$^{t}_{tt}$ern die Scha$^{f}_{ff}$e der O$^{f}_{ff}$en die We$^{l}_{ll}$e

kurzer Selbstlaut – doppelter Mitlaut	langer Selbstlaut – einfacher Mitlaut
der Füller,	der Nebel,

c Schreibe eigene Sätze, in denen viele Wörter mit dem gleichen doppelten Mitlaut vorkommen: Die schnellen Libellen … Die fette Butter …

Ich kann Wörter mit doppeltem Mitlaut richtig schreiben.

- Rechtschreibstrategien nutzen: Schwingen, Vokallänge prüfen (Doppelkonsonanz)
- den eigenen Lernerfolg reflektieren

Wörter mit ck und tz

1 Wähle eine Aufgabe aus.

a Setze ck oder tz ein.

schmü____en si____en der Zu____er ba____en die Ta____e

das Gepä____ wi____ig die Lü____e das Kä____chen

der Fle____ der Schü____e ie Spi____e

b Finde jeweils drei verwandte Wörter zu den Wörtern mit ck und tz.

Wecker: ______________________________

schmücken: ______________________________

locken: ______________________________

putzen: ______________________________

sitzen: ______________________________

Schütze ______________________________

c Welche Aussagen sind richtig? Kreuze an.

- ☐ Die Buchstaben k und z werden nicht verdoppelt. Man schreibt ck oder tz.
- ☐ ck und tz stehen nach einem Mitlaut.
- ☐ Der Selbstlaut vor ck wird immer kurz gesprochen
- ☐ Beim Trennen bleibt ck immer zusammen.
- ☐ Bei Wörtern mit tz wird nach Silben getrennt.
- ☐ Der Selbstlaut vor tz wird immer lang gesprochen.

Ich kann Wörter mit ck und tz richtig schreiben. ☺ 😐

· Rechtschreibstrategien nutzen: Schwingen, Vokallänge prüfen (Wörter mit ck und tz)
· den eigenen Lernerfolg reflektieren

So lebten die Wikinger

Die Wikinger lebten von 800 bis 1100 nach Christus.

______________________ ... die Wikinger?
- in Norwegen an den Fjorden
- in Schweden an den Seen
- in der Inselwelt Dänemarks

______________________ ... die Wikinger?
- häufig als Bauern, Viehzüchter
- meist kleine Höfe
- Selbstversorger
- webten aus selbstgesponnener Schafwolle Kleider und Segel
- Getreideanbau

______________________ ... die Wikinger?
- flache Segelboote
- breite Fähren, Tiertransport
- leichte Flussschiffe, die man streckenweise über Land ziehen konnte
- Kriegsschiffe: schmal und schnell

1 Ergänze die Fragen auf den Stichpunktkarten über die Wikinger.

Welche Fahrzeuge bauten … Wie lebten … Wo lebten …

2 Was erfahrt ihr über die Wikinger? Erzählt.

3 Was möchtest du noch über die Wikinger wissen? Recherchiere und schreibe Stichpunktkarten.

· Informationen entnehmen, beschreiben, erzählen, Stichpunktkarten schreiben
· Informieren und Recherchieren

· KV: 65
· KV Fö/FO

Kurzvortrag: Sprechen mit Stichpunktkarten

1 Ella bereitet ihren Kurzvortrag vor. Wie macht sie das? Tauscht euch aus.

2 Beantwortet die folgenden Fragen:

- Welches Thema hat Ella gewählt? ______________________________
- Warum hat sie das Thema gewählt? ______________________________

____

- Welche Begriffe will sie mit einem Bild erklären? ________________

____

3 Wähle ein Thema aus dem Leben der Wikinger aus.
Bereite einen Kurzvortrag mit Stichpunktkarten vor und halte ihn.
Ich möchte euch etwas über ... erzählen   Hier könnt ihr sehen, wie ...

So kann ich mit Stichpunktkarten einen Kurzvortrag halten:
- Ich erzähle, warum ich das Thema gewählt habe.
- Ich benutze meine geordneten Stichpunktkarten.
- Ich zeige Bilder oder einen Gegenstand.
- Ich spreche deutlich und schaue mein Publikum an.

Mit Stichpunktkarten einen Sachtext planen

1 Paul möchte für das Wikingerbuch seiner Klasse einen Text über den Bootsbau schreiben. Formuliert das Schreibziel für Paul.

Ein Schreibziel formulieren
Heft C, Seite 9

Für wen schreibt Paul? ______

Was schreibt Paul? ______

Was möchte er erreichen? ______

Wie kann er den Text aufbauen? Schreiben, welche Boote gebaut und wozu sie genutzt wurden.

2 Paul hat seinen Text über den Bootsbau der Wikinger begonnen. Welche Stichpunkte von der Stichpunktkarte hat er schon benutzt? Markiere.

Welche Boote bauten die Wikinger?
- bauten **kleine wendige Boote** für Fischfang
- leicht mit viereckigen Segeln aus Wolle
- breite **Transportschiffe** für Vieh und Waren
- **flache Boote** nutzten sie auf den Flüssen
- zwischen den Flüssen zogen sie das Boot auf Stämmen über Land
- bauten auch lange, schnelle Schiffe, um in weiter entfernte Länder zu kommen

So bauten die Wikinger ihre Boote
Die Wikinger waren bedeutende Bootsbauer.
Für den **Fischfang** bauten sie kleine wendige Boote.
Sie waren leicht und hatten viereckige Segel aus Wollstoff.
Es gab auch breite **Transportschiffe** für Vieh und Waren.
Auf den Flüssen …

3 Schreibe den Text über den Bootsbau der Wikinger weiter. Benutze die Informationen der Stichpunktkarte.

Einen Sachtext schreiben und überarbeiten

1 Überprüft den Text anhand der Checkliste.
Was muss verbessert werden? Tauscht euch aus.

Wie wohnten die Wikinger?
- rechteckige Langhäuser
- ein Haus für Menschen und Tiere
- Wände trennten Wohnbereiche
- Bänke an den Wänden
- Truhen statt Schränke
- Feuerstelle auf dem Boden

So wohnten die Wikinger
In den rechteckigen Langhäusern lebten Menschen und Tiere zusammen.
Wände trennten Wohnraum, Vorratsraum und Stall.
Schmale Schlitze an den Außenwänden ließen etwas Licht in den Raum.
Mir wäre es innen zu dunkel gewesen.

An den Wänden im Wohnraum standen Bänke.
Oft waren sie mit Fellen belegt. Das finde ich gemütlich.
Auf ihnen saßen die Wikinger und arbeiteten.
Gebrauchsgegenstände wurden an den Wänden aufgehängt.
Es gab keine Schränke, aber Truhen in denen Sachen aufbewahrt wurden.

Auf dem Boden im Wohnhaus ist in einer Grube eine Feuerstelle.
Der Rauch entweicht durch eine kleine Öffnung im Dach.
Der Boden war mit Laub oder Schilf bedeckt.
Nachts schliefen die Wikinger auf den Bänken.

2 Unterstreiche im Text die Stellen, die du verbessern willst.

3 Schreibe den verbesserten Text auf oder schreibe einen eigenen Sachtext zu den Wikingern.

Checkliste: Einen Sachtext schreiben
- ◯ passende Überschrift
- ◯ passende Informationen verwenden
- ◯ sinnvolle Reihenfolge einhalten
- ◯ ohne eigene Meinung
- ◯ Zeitform beachten

· adressaten- und funktionsgerecht schreiben
· Sachtext strategiegeleitet verfassen und überarbeiten

· KV: 68
· KV Fö/FO

· 42

Satzglieder kennen: Wen-oder-was-Ergänzung

1 Verlängert die Sätze um ein Satzglied.

Auf welche Frage antwortet es? ______________________________

Harald erkennt …

Rollo entdeckt …

Inga begrüßt …

! Die **Wen-oder-was-Ergänzung** (Akkusativobjekt) ist ein Satzglied.
Es antwortet auf die Frage **Wen-oder-was …?**
Der Wikinger sieht ein Boot. Wen oder was sieht der Wikinger? – ein Boot

Wen oder was …? | Akkusativ

2 Erfrage die **Wen-oder-was-Ergänzung** in den Sätzen. Markiere sie.

Ragnar | begrüßt | seinen Freund Borg |.
Wen oder was begrüßt Ragnar?

Sie | planen | eine Fahrt | zum Nachbardorf |.
____

Gemeinsam | verladen | sie | einige Waren |.
____

Ragnar | bringt | eine Truhe mit Stoffen | zum Boot |.
____

3 Trenne die Satzglieder mit Strichen.
Markiere die Wen-oder-was-Ergänzung.

In einer Bucht erkennen Tore und Sven einzelne Häuser.
Ulf sucht eine sichere Ankerstelle.
Die Weberinnen fertigen festes Segeltuch.
Neue Tonschalen brennen die Töpfer.
Aus Horn schnitzt Hakon feine Kämme.
Knut trocknet die Tierfelle zwischen Bäumen.

· Satzglieder unterscheiden: Akkusativ
· Fachbegriffe kennen

· KV: 69, 71, 155, 156
· KV Fö/FO
·

· 43

Satzglieder kennen: Wem-Ergänzung

1 Verlängert die Sätze um ein Satzglied.

Auf welche Frage antwortet es? ______________________________

Solveig begegnet …

Runa hilft …

Tola folgt …

Die **Wem-Ergänzung** (Dativobjekt) ist ein Satzglied.
Es antwortet auf die Frage **Wem …?**
Solveig begegnet dem Häuptling. Wem begegnet Solveig? – dem Häuptling

Wem …? | Dativ

2 Erfrage die **Wem-Ergänzung** in den Sätzen. Markiere sie.

Toralf | folgt | seinem Freund Vestar | in den Wald |.

Wem folgt Toralf in den Wald?

Vestar | erzählt | dem Freund | von der Jagd |.

____

Bald | begegnen | die Jäger | einem Elch |.

____

Vorsichtig | folgt | Toralf | dem Tier |.

____

Aber | der Elch | entkommt | den Jägern |.

____

3 Trenne die Satzglieder mit Strichen. Markiere die Wem-Ergänzung.

Ivar zeigt seinem Bruder Borg eine gute Angelstelle.
Er hilft Borg, Fische zu fangen.
Die Männer bringen ihrer Mutter Gunnhild die geangelten Fische.
Sie reicht ihnen einen Becher Wasser.

Wen-oder-was-Ergänzung und Wem-Ergänzung kennen

1 Frage nach der Wen-oder-was-Ergänzung in den Sätzen. Markiere sie.

Gudrun begrüßt ihre Freundin Inga.

Wen oder was begrüßt Gudrun?

Sie besuchen zusammen den Kammmacher.

Inga braucht einen neuen Haarkamm.

2 Frage nach der Wem-Ergänzung in den Sätzen. Markiere sie.

Ivar folgt den Männern zum Hafen.

Wem folgt Ivar zum Hafen?

Dort zeigt Ragnar seinem Freund Ivar das neue Boot.

Allen Wikingern gefallen die großen Segel.

Sie helfen Ragnar beim Setzen der Segel.

3 Markiere in den Sätzen
die Wen-oder-was-Ergänzung und die Wem-Ergänzung.

Olaf schenkt seiner Freundin eine neue Kette.
Der Perlenmacher hat ihm den Schmuck verkauft.
Inga zeigt Olaf ihre neue Schere.
Der Schmied hat ihr die Schere gemacht.

- Satzglieder unterscheiden: Dativ und Akkusativ
- Fachbegriffe kennen

- KV: 69 – 71, 155, 156
- KV Fö/FO

- 43, 44

Mit Artikeln verbundene Präpositionen kennen

1 Ergänze passende Präpositionen.

aus
in
vor
unter

Ein Bauer geht mit seinen Tieren __________ die Stadt.

Er trägt ein kleines Schwein __________ dem Arm.

Der Qualm des Feuers steigt __________ der Dachluke.

Das Langhaus der Wikinger steht __________ dem großen Wald.

2 Durch welche Präpositionen kannst du die markierten Wortpaare ersetzen?

am ans beim im vom zur

Ragnar geht an dem ________ Haus von Thore vorbei.

Er will zu der ________ großen Festhalle.

Aber er bleibt bei dem ________ Schmied stehen.

Er tritt zu ihm an das ________ Feuer.

Der Schmied nimmt das Messer von dem ________ Amboss.

Er löscht das heiße Eisen in dem ________ Wassertrog.

Präpositionen können mit Artikeln verbunden werden:
zum Beispiel: an + dem = am
an + das = ans

3 Verbinde die Präpositionen mit den Artikeln. Schreibe so:
Kammmacher Ulf legt Hornspäne ins heiße Wasser.

Kammmacher Ulf legt Hornspäne in das heiße Wasser.
Gekochte Hornteile bringt er zu der Presse.
Dann nimmt er die Säge von dem Tisch.
Nach wenigen Schnitten ist die Hornplatte zu dem neuen Kamm geworden.
Um die Zähne zu glätten, greift Ulf zu der Feile.

Merkwörter mit h richtig schreiben M

1 Warum werden diese Wörter oft falsch geschrieben?
Tauscht euch aus.

Hahn   stehlen   Lehrer   fehlen   Fohlen   Sahne

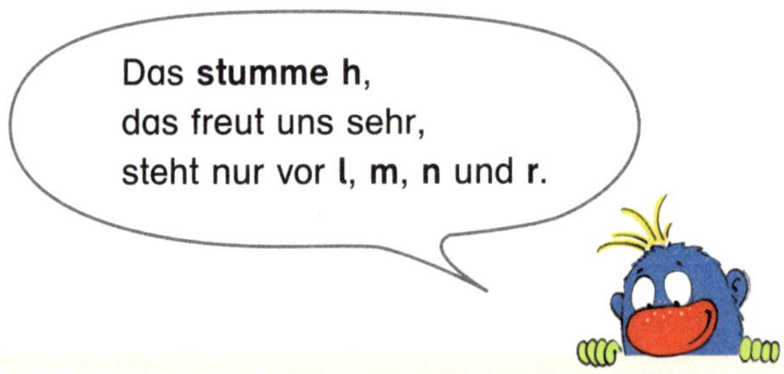

2 Ordne die Wörter.
Finde weitere Beispiele.

Mehl ✓   gähnen   hohl   belohnen   nahm
ehrlich   wählen   Lehne   fuhr   zähmen   Jahr
angenehm   sehr   dehnen   Lehm   befehlen

hl: Mehl, ______________________

hm: ______________________

hn: ______________________

hr: ______________________

3 Schreibe die Merkwörter mit h. Kontrolliere mit dem Wörterbuch:

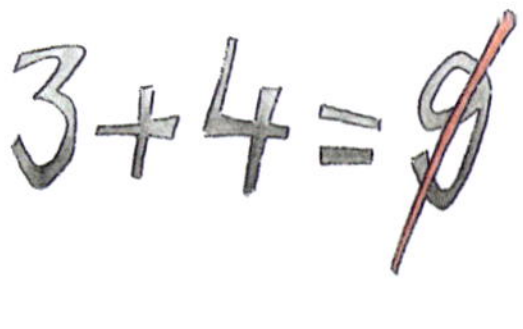

der Rahmen ______________________   ______________________   ______________________

______________________   ______________________   ______________________

· Rechtschreibstrategie anwenden: Merkwörter mit h

· KV: 73
· KV Fö/FO

· RS: S. 15
· 46

Wortstämme für die Rechtschreibung nutzen

1 Warum hilft der Wortstamm, richtig zu schreiben? Tauscht euch aus.

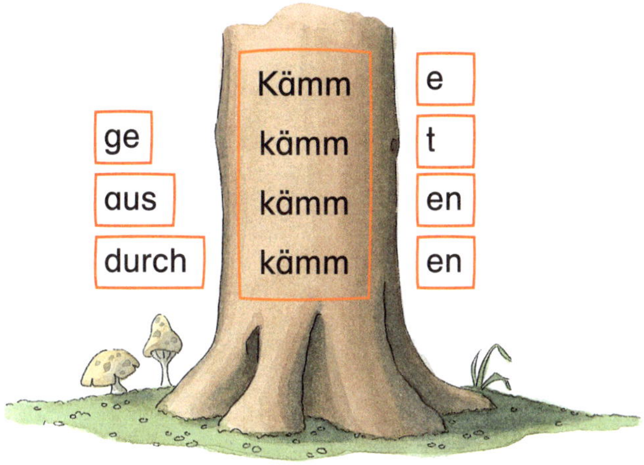

Der Wortstamm ist ein Wortbaustein.
Wortstämme werden oft gleich geschrieben.
Manchmal ändert sich der Vokal:
wechseln – verwechseln – Wildwechsel
schwimmen – schwamm – geschwommen.

2 Schreibe die Wörter nach den Wortfamilien FEHL und STELL geordnet auf. Markiere die Wortstämme.

gefehlt ✓	Baustelle	Fehler	abstellen	aufstellen	fehlen
Vorstellung	fehlte	stellte	fehlerhaft	hinstellen	verfehlt

FEHL: gefehlt, ______________________________

____

STELL: ______________________________

____

3 Welche Wörter gehören zu einer Wortfamilie?
Markiere die Wortstämme in unterschiedlichen Farben.

Fahrerin	schlief	Fahrt	Schlafraum
vorfahren	abfahren	schläfrig	anfahren
fahren	fährt	umfahren	schläft
verschlafen	fuhr	ausgeschlafen	gefährlich

Wörter mit ä/e und äu/eu richtig schreiben

1 Schreibe zu den Wörtern mit **ä** oder **äu** ein verwandtes Wort mit **a** oder **au** auf. Ergänze die fehlenden Buchstaben.

e/ä		eu/äu	
w_ä_rmen	warm	F_eu_er	~~______~~
l___rnen	______	Geb___de	______
kr___ftig	______	r___chern	______
tr___ffen	______	fr___ndlich	______
n___her	______	F___ste	______
verl___ngern	______	h___slich	______

2 Finde Wörter zu den angegebenen Buchstaben.

ä: ______________________________

äu: ______________________________

3 Ergänze die fehlenden Buchstaben **e/ä** oder **eu/äu**.

Ich würde gerne …

… in die L___nder der Wikinger reisen
und in ihren Langh___sern speisen.

… nachts auf f___llbedeckten B___nken ruhen
im verr___cherten Haus neben W___nden und Truhen.

… das t___gliche ___ssen am F___er genießen,
S___fte in Schl___che und Trinkgl___ser gießen.

… Erz___hlungen lauschen und Wettl___fe machen
von Ungeh___ern tr___men, die gef___hrlich lachen.

Wörter mit ä/e und äu/eu richtig schreiben

1 Spielt das Spiel.

Ihr braucht:
einen Würfel, Spielfiguren in zwei Farben,
pro Kind ein Tabellen-Blatt:

ä	e	äu	eu
Hände	...	...	...

So geht es:
Würfelt. Zieht eure Spielfiguren. Tragt die Wörter richtig in die Tabelle ein.
Überprüft mit der Strategie **Ableiten**.
Wer zuerst zwei Wörter in jeder Spalte hat, gewinnt.

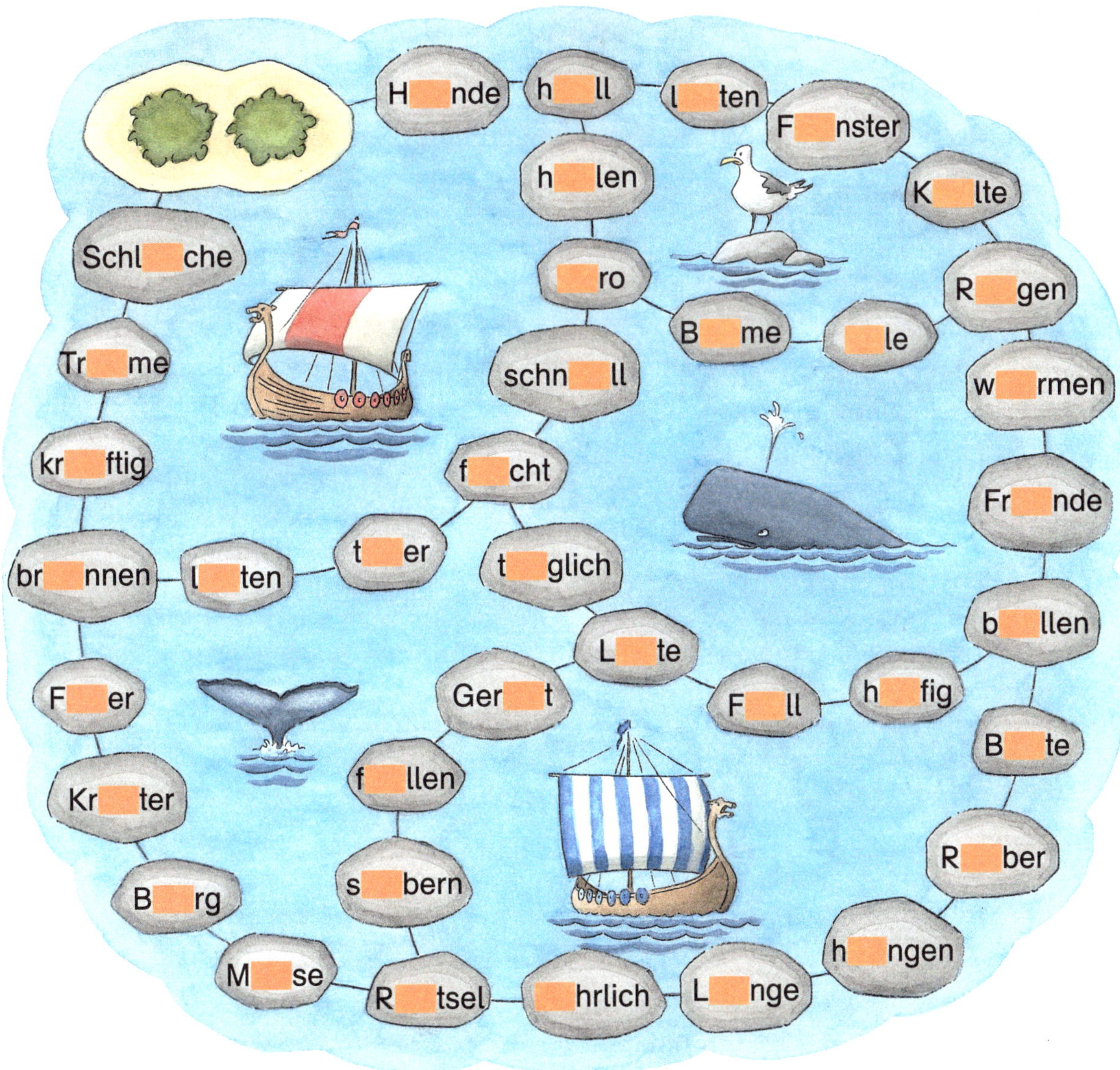

2 Überlegt euch eigene Regeln für das Spiel.

Einen eigenen Text korrigieren

Markttag in Birka

Markt X der Eisfläche
Der ~~markt~~ fand auf von Schnee geräumten ~~Eisfleche~~ statt.

Die Jäger verkauften Felle von Wölfen und Bären.

Z. Ein
Abends ging man in die Häuser ein Wikinger fragte Ake:

Z?
„Willst du uns von deiner Seereise in den Norden erzählen"

1 **Korrektur mit X:** Ich prüfe, ob die Sätze vollständig und verständlich sind.

2 **Korrektur der Zeichenfehler (Z):**
Ich prüfe, ob ich alle Satzzeichen richtig gesetzt habe.

3 **Korrektur der Rechtschreibfehler (R):**
Ich prüfe, ob ich richtig geschrieben habe.
Habe ich die Satzanfänge und die Nomen großgeschrieben?
Bei welchen Wörtern bin ich noch unsicher?
- Gibt es Rechtschreibstrategien, die mir helfen?
- Muss ich im Wörterbuch nachschlagen?

1 In diesem Text sind einige Fehler. Markiere und korrigiere die Fehler.

In der Wikingerzeit Lebten die meisten Menschen als Bauern.

Auf ihren Höfen hielten sie Kühe, schafe oder Ziegen.

Die Tiere lieferten ihnen Milch. Butter. Käse, Wole und Fleisch.

Das Land um den hof herum nutzten die Bauern als Weidelant.

2 Schreibe den Text verbessert auf.

· Fehlersensibilität entwickeln: eigene Texte sprachlich und orthografisch verbessern

· KV: 161

Wörter mit ä/äu
Merkwörter mit h M

Wörter mit ä/e und äu/eu
ergänzen
erkältet
häufig
die Häute
setzen
steuern
Merkwörter mit h
belohnen
die Fahrt
die Gefahr
kühl
stehlen
ungefähr

1 Trage ein verwandtes Übungswort ein.

ganz ______________ Haut ______________

Haufen ______________ kalt ______________

2 Finde ein Übungswort, das sich reimt.

petzen ______________________

feuern ______________________

fehlen ______________________

3 Löse die Rätsel. Trage passende Übungswörter ein.

Reimwort zu hetzen

anderes Wort für Reise

so in etwa …

Nomen zu gefährlich

Gegenteil von warm

macht man mit dem Lenker

Wortbaustein LOHN

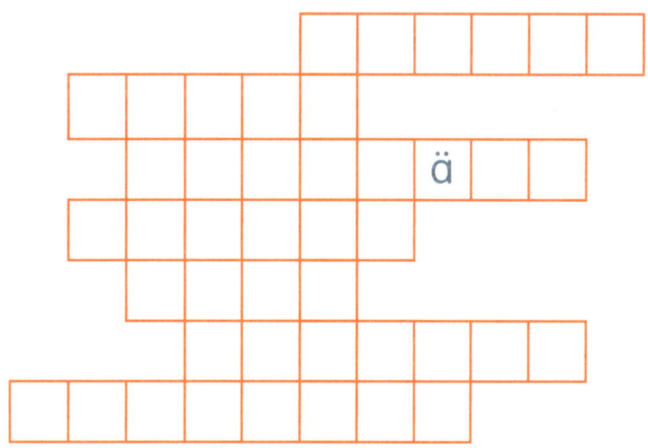

Lösungswort: ___ ___ ___ ___ ___ ___ ___

4 Setze diese **kleinen Wörter** in den Text ein: ganz man sich über

Das Wikingermuseum in Haithabu liegt __________ in der Nähe des ehemaligen Siedlungsplatzes. __________ Holzstege gelangt __________ zu den Gebäuden. Alle Bauten befinden __________ dicht am Flussufer.

Wörter mit ä/äu
Merkwörter mit h

1 Übe die Wörter mit der Profikarte.

2 Schreibe einen kleinen Text mit einigen Übungswörtern. Korrigiere deinen Text.

3 Führt ein Rechtschreibgespräch zu dem Wort: Gebäude

Profikarte 5			
	ergänzen	○○○○	○
	erkältet	○○○○	○
	häufig	○○○○	○
	die Häute	○○○○	○
	ersetzen	○○○○	○
	steuern	○○○○	○
	belohnen	○○○○	○
	die Fahrt	○○○○	○
	die Gefahr	○○○○	○
	kühl	○○○○	○
	stehlen	○○○○	○
	ungefähr	○○○○	○

4 Markiere die Übungswörter im Text.

Wikinger
Haithabu war eine bedeutende Wikingersiedlung.
Sie lag zwischen Nordsee und Ostsee am heutigen Fluss Schlei.
Um vor Gefahren geschützt zu sein,
waren die Städte von Verteidigungswällen umgeben.
Die Höfe der Bauern waren häufig klein.
Man hielt Kühe oder Schafe zur eigenen Versorgung.
Im Wald konnten die Wikinger jagen,
um die Nahrung zu ergänzen.
Die Häute der Tiere wurden getrocknet und verkauft.
Die Wikinger waren zu ihrer Zeit die besten Seefahrer.
Mit ihren flachen Booten fuhren sie auf Flüssen im Binnenland.
Steuerten sie auf ihrer Fahrt ein Hindernis an,
mussten sie nicht umkehren.
Sie konnten ihre Boote tragen
oder über Stämme schieben.

5 Schreibe den Text in deiner schönsten Schrift ab.

- Lern- und Arbeitstechniken nutzen
- methodisch sinnvoll abschreiben
- Wörter des Grundwortschatzes

- KV: 77–79, 157–160
- KV Fö/FO

- RS: S. 3

Die Wen-oder-was-Ergänzung erkennen

1 Wähle eine Aufgabe aus.

a Markiere die Wen-oder-was-Ergänzung.

Harald besucht seinen Freund Rollo. Wen oder was besucht Harald?
Gemeinsam ziehen sie das Boot ans Ufer. Wen oder was ziehen sie ans Ufer?
Rollo holt neue Tonschalen aus Haithabu. Wen oder was holt Rollo?
Sie bringen die Waren ins Langhaus. Wen oder was bringen sie ins Langhaus?
Dann trinken sie einen Becher Met. Wen oder was trinken sie?

b Erfrage die Wen-oder-was-Ergänzung. Markiere sie.

Auf dem Markt verkauft Hakon seine Kämme.
Wen oder was verkauft Hakon auf dem Markt?

Die Frauen betrachten seine feinen Arbeiten.

____

Solveig schmückt ihr Haar mit einem Kamm.

____

Ihre gewebten Stoffe zeigt Ingrid den Kunden.

____

Gudrun kauft bunte Tücher. Sie will sich ein neues Kleid nähen.

____

c Bilde mit den Verben Sätze. Sie sollen aus Subjekt, Prädikat und einer Wen-oder-was-Ergänzung bestehen. Markiere die Satzglieder.

kochen backen trinken singe

Ich kann Wen-oder-was-Ergänzungen erkennen.

Wortstämme für die Rechtschreibung nutzen

1 Wähle eine Aufgabe aus.

a Schreibe die Wörter nach den Wortfamilien geordnet auf.
Markiere den Wortstamm.

der Radfahrer	raten	das Motorrad	die Beraterin	die Räder
sie riet	der Radweg	radeln	der Ratschlag	die Radtour
abraten	er rät	der Ratgeber	das Zahnrad	das Spinnrad

RAD der Radfahrer, ______________________

____

RAT ______________________

____

b Schreibe Wörter auf. Markiere den Wortstamm.

BRENN ______________________

BIND ______________________

BAU ______________________

c Wie kann die Strategie helfen, ein Wort richtig zu schreiben.
Erkläre dies am Wortbaustein SPINN .

____

____

____

Ich kann Wortstämme für die Rechtschreibung nutzen.

- Rechtschreibstrategie anwenden: mit Wortbausteinen arbeiten
- den eigenen Lernerfolg refklektieren

Wörter mit ä und äu ableiten

1 Wähle eine Aufgabe aus.

a Schreibe zu den Wörtern mit **ä** und **äu** das verwandte Wort mit **a** oder **au** auf. Ergänze den fehlenden Buchstaben

Kraft Angst laufen kalt Tag rauschen Kraut tauschen Raum

ä: kr___ftig erk___ltet t___glich ___ngstlich

äu: L___fer umr___men Ger___sche Kr___ter

b Was ist richtig: **ä/äu** oder **e/eu**? Ergänze die fehlenden Buchstaben.

Die Wikinger lebten in der N___he von dichten W___ldern.

Sie f___llten B___me und bauten daraus ihre H___ser.

In ihren G___rten bauten sie h___fig Heilkr___ter an.

Die Wikinger sorgten als J___ger für das t___gliche ___ssen.

Ihre Suppentöpfe h___ngten sie über das F___er.

Das Fleisch ern___hrte sie und machte sie kr___ftig.

Die H___te der Tiere schützten sie vor der K___lte.

c Schreibe lustige Sätze mit vielen Wörtern mit **ä** und **äu**.

Ich kann Wörter mit ä und äu ableiten und richtig schreiben.

· Rechtschreibstrategie nutzen: Wörter ableiten
· den eigenen Lernerfolg refklektieren

Im All unterwegs

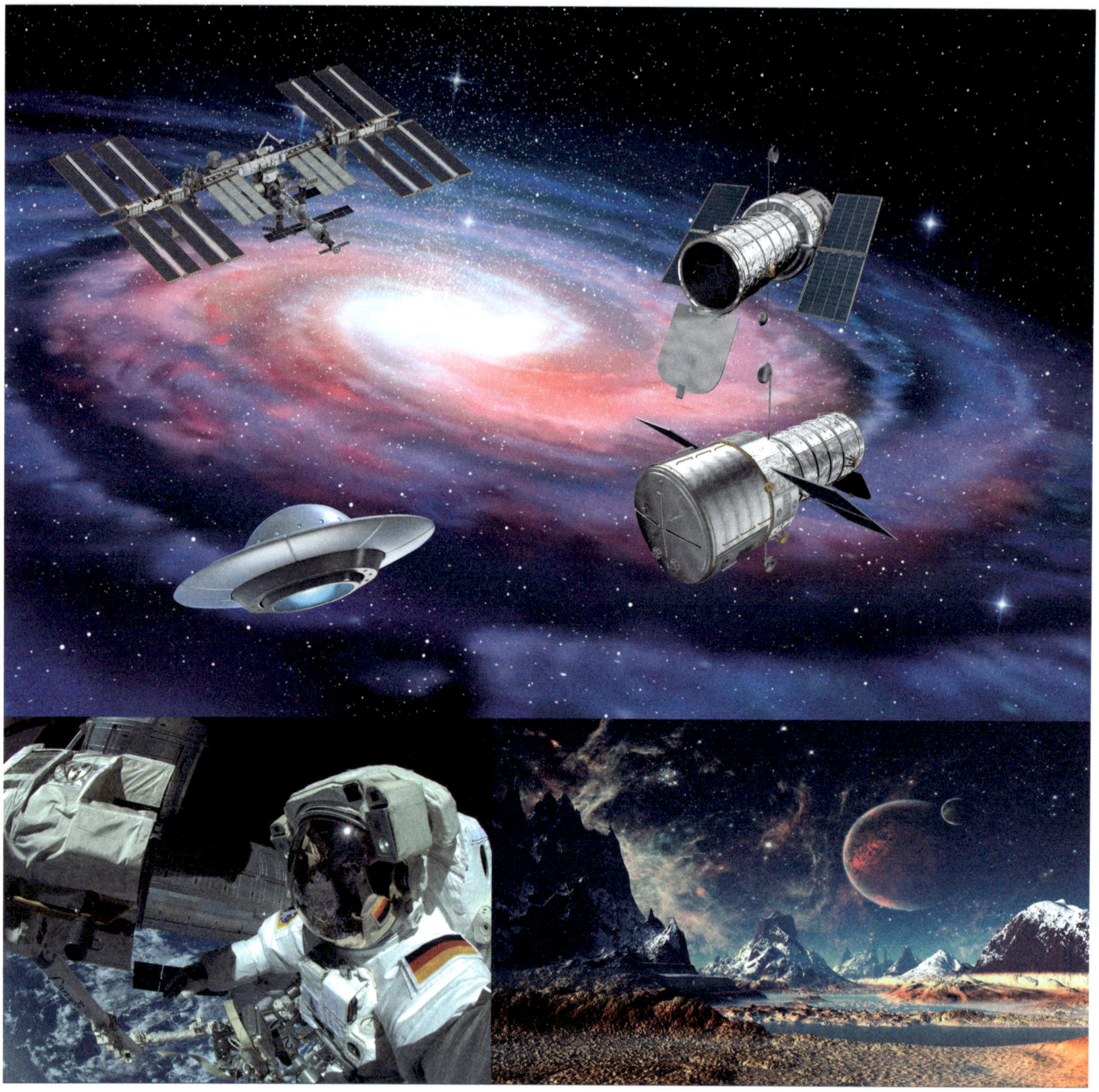

Stern Planet Mond Raumstation
Teleskop Raumfähre Ufo Astronaut

1 Schaut euch die Bilder an. Beschreibt.

2 Was gibt es wirklich? Was ist fantastisch? Überlegt gemeinsam.

3 Das gibt es wirklich: ______________________________

- situationsgerecht sprechen: beschreiben
- Vermutungen, eigene Erfahrungen und Meinungen einbringen

- KV: 80
- KV Fö/FO

Anschaulich beschreiben

1 Was erfahrt ihr über Laras Planeten? Erzählt.

2 Lara verwendet Vergleiche, damit andere sich den Planeten gut vorstellen können. Welche Vergleiche verwendet sie? Markiert sie in der Sprechblase.

3 Wie stellst du dir einen fremden Planeten vor? Schreibe Stichpunkte auf.

4 Wie könntest du deinen Planeten beschreiben? Notiere Vergleiche.
Die Blumen sind groß wie Bäume. … klein wie Streichholzschachteln
… dunkel wie … … kalt wie … … tief wie … … schnell wie …

5 Beschreibe anderen Kindern deinen Planeten. Nutze deine Vergleiche.

Den Spannungsbogen einer Geschichte kennen

1 Schreibe die Wörter in die passenden Kästchen zum Spannungsbogen.

Einleitung | Hauptteil | Schluss | Spannungshöhepunkt

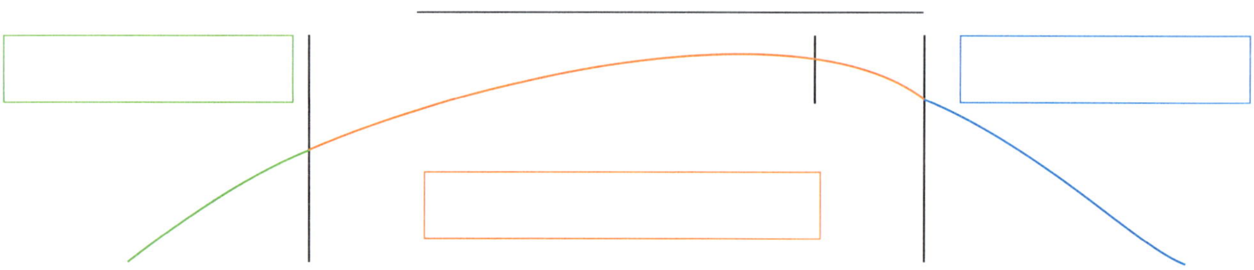

2 Markiere die Handlungsschritte passend zum Spannungsbogen oben grün, orange oder blau. Unterstreiche den Spannungshöhepunkt.

Ich wollte mit meinem neuen Raumschiff
einen kurzen Abstecher zum Mond machen.

- startete planmäßig in den frühen Morgenstunden
- erreichte zwölf Minuten später die Erdumlaufbahn
- ging dann auf Mondkurs
- seltsame Anzeige auf meinen Instrumenten
- etwas Riesiges näherte sich meinem Raumschiff
- defekte Instrumente?
- sah einen riesigen Kometenschwarm
- Kometenschwarm schleuderte mein Schiff hin und her
- und riss es mit sich ins All
- alles wieder ruhig
- war erleichtert

Der Spannungshöhepunkt ist die spannendste Stelle einer Geschichte.

· erzählerische Elemente untersuchen, Fachbegriffe kennen: Spannungsbogen, Handlungsschritte, Spannungshöhepunkt

· KV: 82
· KV Fö/FO

Eine spannende Geschichte planen

1 Lest den Anfang von Laras Geschichte.
Was könnte sie auf dem fremden Planeten erleben? Erzählt.

Eigentlich wollte ich nur einen kurzen Abstecher zum Mond machen, als ein Kometenschwarm mein Raumschiff mit sich riss. Ohne Orientierung flog ich durch die Dunkelheit. Nach zwei Wochen sah ich endlich einen großen Planeten vor mir. Es war eindeutig nicht die Erde. Ich beschloss, mir diese neue Welt genauer anzusehen …

2 Lara hat sich für den Hauptteil und Schluss ihrer Geschichte Notizen gemacht.
Bringe die **Handlungsschritte** in eine verständliche Reihenfolge. Nummeriere.

1. flog über eine endlose Wasserfläche mit Wellen, hoch wie Berge

○ eine Tür im Gebäude öffnete sich und eine freundliche Gestalt winkte mich herein

○ Blitze zuckten, Donner krachten, mein Raumschiff wurde hin und her geschleudert

○ landete im letzten Moment auf einer Scheibe

○ sah in der Ferne Gebäude auf fliegenden Scheiben

○ Gewitter zog auf, Wolken groß wie Kontinente türmten sich am Horizont

○ Ich war gerettet.

3 Wo ist in Laras Geschichte der **Spannungshöhepunkt**?
Markiere ihn.

4 Was könntest du auf einem fremden Planeten erleben?
Plane eine spannende Geschichte dazu. Notiere die **Handlungsschritte** und markiere den **Spannungshöhepunkt**.

Geschichten spannend machen

1 Der Spannungshöhepunkt einer Geschichte wird häufig durch **Spannungsmelder** angekündigt. Sammelt weitere Spannungsmelder.

Spannungsmelder:

wie aus dem Nichts   Kaum zu glauben!   plötzlich   Sekunden später
da   aus heiterem Himmel   in wenigen Sekunden   blitzschnell

____

____

2 Unterstreiche die Spannungsmelder.

… Konnte es sein, dass meine Instrumente defekt waren?
Ich überprüfte noch die Anzeigen, als wie aus dem Nichts ein riesiger Kometenschwarm erschien. In wenigen Sekunden war mein Raumschiff von Gesteinsbrocken eingeschlossen. …

3 Schreibe den Geschichtenausschnitt noch spannender auf. Benutze dazu Spannungsmelder.

… Irgendetwas bewegte sich außerhalb meines Raumschiffs.
Hatte ich mir das nur eingebildet? Vorsichtig öffnete ich die Eingangsklappe.
Ein Wesen mit großen Augen ragte vor mir auf. …

____

____

____

____

____

____

Eine spannende Geschichten schreiben

1 Lara möchte den Höhepunkt ihrer Geschichte spannend gestalten. Fülle die Lücken mit treffenden Verben, passenden Vergleichen, wörtlicher Rede und Spannungsmeldern.

… ________ türmten sich am Horizont schwarze Wolken ________.
Wind kam auf. Das Meer ________ tiefgrün und Schaumkronen ________ auf den Wellen. Grelle Blitze ________ über den Himmel. Eine Sturmböe ________ mein Raumschiff und schleuderte es hin und her. Regentropfen ________ klatschten auf das Sichtfenster. Ein Blitz fuhr genau vor mir ins aufgewühlte Meer. Ohrenbetäubender Donner folgte und ________ fielen meine Kontrolllampen aus.
„________“, rief ich und drehte verzweifelt am Energieschalter.
________ sah ich vor mir eine der fliegenden Scheiben ________ erscheinen. …

Vergleiche:
hoch wie Kontinente
groß wie Fußbälle
schwer wie Backsteine

Spannungsmelder:
plötzlich, auf einmal,
da, Sekunden später,
wie aus dem Nichts

wörtliche Rede:
Komm schon! Oh nein!
Lass mich nicht im Stich!

treffende Verben:

Meer:	erstrahlte, färbte sich, …
Schaumkronen:	tanzten, ritten, hüpften
Blitze:	zuckten, rasten, schossen, …
Sturmböe:	packte, fasste, ergriff, …

Checkliste: Den Höhepunkt einer Geschichte spannend gestalten
- ◯ treffende Verben
- ◯ passende Adjektive und Vergleiche
- ◯ wörtliche Rede
- ◯ Spannungsmelder

2 Denke dir eine spannende Geschichte über ein Erlebnis auf einem fremden Planeten aus. Schreibe sie auf.

Satzglieder kennen: Ortsergänzung

1 Mit welchen Fragewörtern könnt ihr nach den markierten Satzgliedern fragen?

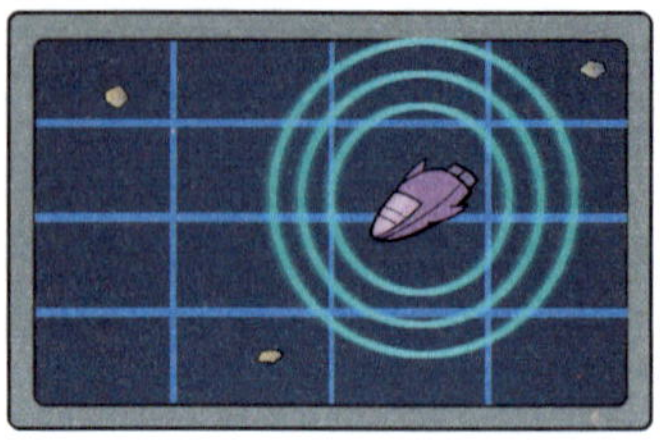

Plexi | kommt | vom Mars |.
Heute | fliegt | er | zu einer fremden Galaxie |.
Auf seinem Display | sieht | er | plötzlich | ein fremdes Raumschiff |.

2 Schreibe die Fragewörter zu den Satzgliedern.

_____________ ? vom Mars

_____________ ? zu einer fremden Galaxie

_____________ ? auf seinem Display

Ortsergänzungen sind Satzglieder.
Sie antworten auf die Fragen: **Wo …? Wohin …? Woher …?**
Plexi fliegt jeden Sonntag zum Mond.
Wohin fliegt Plexi jeden Sonntag? – zum Mond.

Zeitergänzung: Wann …? Wie oft …? Wie lange …? Seit wann …?

3 Schreibe die Frage nach der Ortsergänzung auf. Markiere die Ortsergänzung in den Sätzen.

Sirius | wohnt | auf dem Saturn |.
Wo wohnt Sirius?

Das fremde Raumschiff | kam | plötzlich | aus dem Kometenschwarm |.

____

In diesen Teil der Galaxie | flog | Linea | selten |.

____

In der glänzenden Kapsel | saß | ein winziger Außerirdischer |.

____

Merax | macht | einen Ausflug | zum großen Sternennebel |.

____

· Satzglieder unterscheiden: Ortsergänzung
· Fachbegriffe kennen

· KV: 86, 155, 156
· KV Fö/FO

· 53

Satzglieder kennen: Ortsergänzung

1 Markiere die Ortsergänzung.

Mila | wohnt | auf der Erde |. — **Wo** wohnt Mila?
Sie | fliegt | mit ihrer Rakete | zum Mars |. — **Wohin** fliegt sie mit ihrer Rakete?
Aus der Ferne | kam | ein altes Raumschiff |. — **Woher** kam ein altes Raumschiff?

2 Frage nach der Ortsergänzung in den Sätzen.
Markiere die Ortsergänzung.

Der Roboter | forscht | auf dem Mars |.

Wo forscht der Roboter? – auf dem Mars

Hinter dem Krater | steht | die Station |.

Er | trägt | die Ausrüstung | zum Raumschiff |.

Ein Signal | ertönt | aus seinem Funkgerät |.

3 Markiere alle Satzglieder im Text: Subjekt, Prädikat, Wen-oder-was-Ergänzung, Ortsergänzung.

Plisplus | verbringt | seine Ferien |
auf dem Planeten Luna7 |.
Dort | trifft | er | seinen Freund Minus |.
Minus | kommt | von einem wunderschönen
Wasserplaneten |.
Die beiden Freunde | gehen |
zum intergalaktischen Zeltplatz |.

Satzglieder kennen: Zeitergänzung

1 Mit welchen Fragewörtern könnt ihr nach den markierten Satzgliedern fragen?

Auf dem Planeten Bekalon | startet | heute | eine große Weltraumparty |.
Die Party | dauert | acht Bekalon Monate |.
Der Knoktopus | tanzt | siebenmal | mit der grünen Rupi vom Mars |.

2 Schreibe die Fragewörter zu den Satzgliedern.

____________ ? heute

____________ ? acht Bekalon-Monate

____________ ? siebenmal

!

Zeitergänzungen sind Satzglieder.
Sie antworten auf die Fragen:
Wann ...? Wie oft ...? Wie lange ...? Seit wann ...?
Viele Raumschiffe fliegen morgen nach Bekalon.
Wann fliegen viele Raumschiffe nach Bekalon? – morgen.

Zeit-ergänzung
Wann ...? Wie oft ...?
Wie lange ...? Seit wann ...?

3 Frage nach der Zeitergänzung.
Schreibe die Frage auf und markiere die Zeitergänzung im Satz.

Sina | startete | am Montag | endlich | ins Weltall |.
Wann startete Sina endlich ins Weltall?

Sie | freute | sich | schon seit Jahren | auf diese Reise |.

____

Das Training für den Flug | dauerte | drei Monate |.

____

Sina | musste | dreimal in der Woche | in der Schwerelosigkeit | üben |.

____

Satzglieder kennen: Zeitergänzung

1 Bilde Aussagesätze. Markiere die Zeitergänzung.

Wie lange dauert die Ausbildung zum Astronauten? — Vier Jahre.

Die Ausbildung zum Astronauten ______________________

Wann flog der erste Mensch ins All? — 1961

____

Wie lange dauert der Flug zum Mars? — Mindestens ein Jahr.

____

Wie oft waren Menschen auf dem Mond? — Sechsmal

____

2 Markiere alle Satzglieder im Text: Subjekt, Prädikat, Wen-oder-was-Ergänzung, Ortsergänzung, Zeitergänzung.

Merax | macht | heute | einen Ausflug | zum großen Sternenhimmel |.
Seit zwei Wochen | besucht | er | dort | viele wunderschöne Planeten |.
Der Flug | zum Sternenhimmel | dauert | drei Tage |.
Auf dem Planeten Dertus | trifft | er | gegen Mittag | seine Freundin Mina |.
Sie | haben | sich | schon einige Male | auf diesem Planeten | getroffen |.
Merax | holt | gegen Abend | einen Picknickkorb | aus seinem Raumschiff |.
Mina und Merix | bewundern | immer wieder | den Sternenhimmel |.

Wörter mit s oder ß richtig schreiben

1 Welche Strategie hilft euch, die Wörter richtig zu schreiben? Überlegt gemeinsam.

bei ___ t  lie ___ t 

2 Sprich die Wörter halblaut. Schreibe sie geordnet auf.

lesen ✓ Füße reißen Nase draußen Häuser beißen dreißig
Vase Gräser gießen Grüße Hose lösen

 s: lesen, ___

 ß: ___

3 Mit **s** oder **ß**? Verlängere die Wörter. Schreibe wie im Beispiel.

sie hei ß t ✓ es ra ___ t er gie ___ t sie nie ___ t er stö ___ t
es schlie ___ t der Prei ___ der Strau ___ das Lo ___
das Flo ___ die Mau ___ das Gla ___ gro ___ sü ___

heißen – sie heißt, ___

4 Setze **s** oder **ß** richtig in die Wörter ein.

Mina beschlie ___ t, zum Mars zu fliegen.
Nono ist ratlo ___ . Ob die Gefahr womöglich zu gro ___ ist?
Sina genie ___ t die Aussicht auf die fünf Sonnen.
Das Wasser im Fluss ist eindeutig türki ___ .
Im letzten Moment rei ___ t Ben das Steuer herum.

- Rechtschreibstrategie anwenden: Verlängern bei Wörtern mit s oder ß

- KV: 88
- KV Fö/FO
- ▶

- RS: S. 10
- 55, 57

Merkwörter mit ä / äu richtig schreiben Ⓜ

1 Warum sind die folgenden Wörter Merkwörter? Tauscht euch aus.

 Käfig  Krähe  Bär

2 Schreibe die Wörter nach dem Abc geordnet auf. Markiere dann Ä/ä.

März ungefähr Träne während Käfer Säule Mädchen Geländer ✓

Geländer, ______________________________

____

3 Schreibe die Wörter nach Wortfamilien geordnet auf.

verspätet ✓ Lärm lärmend Zugverspätung
spät Lärmampel später lärmten spätestens lärmen
Straßenlärm verspäten Spätschicht Lärmschutz

Spät/spät: verspätet, ______________________________

____

Lärm/lärm: ______________________________

____

4 Bilde möglichst viele zusammengesetzte Nomen mit den Wörtern:
Brückengeländer, …

Lärm Verspätung Geländer Bär Käfer Käfig Säule

Deine Fehlerwörter zeigen dir deine Lieblingsfehler.

Lieblingsfehler erkennen

Im All unterwegs

Morgen (N↑) endlich (↝)

An einem sonnigen morgen wollte ich entlich mein neues Raumschiff ausprobieren. Ich startete und bald tauchte etwas Riesiges vor mir auf. War dieser feuerball ein Meteorit? Erst wurde es heiß, dann hülte mich dunkelheit ein. Mein Raumschiff wurde fortgerissen und ich ferlor die Orientierung.

1 Ich schaue mir meinen korrigierten Text an.

2 Ich trage die korrigierten Wörter in eine Strategietabelle ein.

Strategietabelle					
(◡) (÷) hüllen – hüllte	(↝) das Ende – endlich	(N↑) der Morgen der Feuerball die Dunkelheit	(ϟ) ...	(M) ...	(⊓) verlor

3 Ich zähle, wie viele Fehler ich bei den Strategien gemacht habe.

4 So erkenne ich, wo ich häufig Fehler mache. Auf diese Lieblingsfehler muss ich noch achten.

1 Schau dir den Text an. Welche Lieblingsfehler hat das Kind?

Der himmel (N↑) verferbte (ϟ) sich, als die glüende (◡) Lawa (M) wie ein feuerball (N↑) emporschoss. Dann floss das gestein (N↑) aus Quellen ins Tal. Es sah aus wie ein Labürinth (M) aus Feuer.

Das Kind hat diese Lieblingsfehler: ______________________________

· Lerntechniken zum Trainieren der Rechtschreibkompetenz kennen: Fehlerschwerpunkte finden

· KV: 90

Wörter mit ß
Merkwörter mit ä / äu M

1 Hier haben sich die Übungswörter versteckt.
Trage die fehlenden Buchstaben ein.

__ ä __ __ au __ e __ __ e __ __ ei __ e __

__ ä __ i __ au __ e __ __ __ ei __ i __

__ äu __ __ e __ __ __ e __ ä __ __ e __

__ __ ie __ e __ __ ie __ e__ __ __ au __ e __

__ __ __ äu __ e __

Wörter mit ß
außen
außerdem
beißen
draußen
dreißig
fließen
gießen
Merkwörter mit ä / äu
das Geländer
der Käfig
der Lärm
sich räuspern
sich sträuben

2 Setze passende Übungswörter ein.
Schreibe den Text vollständig auf.

Eine unendlich lange Reise

D__________ ist alles dunkel. Das Raumschiff ist nun schon d__________ Tage unterwegs und alle s__________ sich gegen eine Verlängerung der Reise. Winni krächzt ungeduldig in ihrem K__________. Der L__________ nervt den Kapitän. Er r__________ sich und sagt: „Gebt diesem Ungeheuer endlich etwas zu fressen. Aber passt auf, es kann heftig b__________." Das ist nicht nett. Winni ist ein ausgesprochen freundliches Wesen und a__________ gerade sehr beleidigt.

3 Setze diese **kleinen Wörter** in den Text ein: während los bis

Schnell flogen sie __________.

Der Treibstoff würde __________ zum Mars reichen.

__________ der Reise konnten alle schlafen.

Wörter mit ß
Merkwörter mit ä/äu

Profikarte 6			
	außen		
	außerdem		
	beißen		
	draußen		
	dreißig		
	fließen		
	gießen		
	das Geländer		
	der Käfig		
	der Lärm		
	sich räuspern		
	sich sträuben		

1 Übe die Wörter mit der Profikarte.

2 Hier sind drei Wörter falsch geschrieben. Was muss das Kind noch üben?

Braxi sperrt das seltsame
Wesen in einen Kefig.
Es macht furchtbaren Lerm.
Braxi hält sich am Gelender fest.

3 Führt ein Rechtschreibgespräch zu dem Wort süß .

4 Markiere die Übungswörter im Text.

Bruchlandung
Das Raumschiff schlingert und alle Instrumente blinken.
Draußen nähert sich der Untergrund rasend schnell.
Nach dreißig Minuten hört der Lärm endlich auf
und mit einem Ruck landet Braxi auf dem unbekannten Planeten.
Er schließt das kleine Sichtfenster und räuspert sich erleichtert.
Wie hat das nur passieren können?
Zum Glück hat das Raumschiff die Bruchlandung
besser überstanden als gedacht. Braxi misst die Außentemperatur.
Es ist beißend kalt. Außerdem scheint ein Teil der Oberfläche flüssig zu sein.
Alles sträubt sich in Braxi.
Zum Glück lässt sich das Raumschiff wieder starten
und Braxi kann seine Reise fortsetzen.

5 Schreibe den Text in deiner schönsten Schrift ab.

· Lern- und Arbeitstechniken nutzen
· methodisch sinnvoll abschreiben
· Wörter des Grundwortschatzes

· KV: 91–93, 157–160
· KV Fö/FO

· RS: S. 3

Texte spannend schreiben

1 Wähle eine Aufgabe aus.

a Unterstreiche drei Spannungsmelder im Text.

... Wie aus dem Nichts raste plötzlich ein Meteoritenschwarm auf mich zu. Blitzschnell versuchte ich, das Raumschiff herumzureißen. Doch es war zu spät. Ich musste durch den Schwarm fliegen. Sekunden später war ich von Meteoriten umgeben. ...

b Gestalte den Geschichtenausschnitt noch spannender.
Schreibe ihn mit Spannungsmeldern auf.

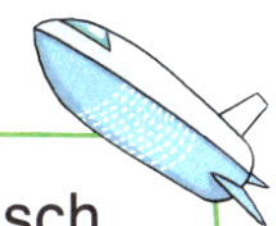

... Ich setzte meinen Fuß auf die Planetenoberfläche. Ich hörte ein Geräusch.
Unzählige silberne Flugobjekte kamen auf mich zu. Ich war umzingelt.
Was sollte ich tun? Da ertönte eine krächzende Stimme:
„Das Betreten des Planeten ist verboten!“ Das war ja seltsam.
Wer auch immer in diesen Raumschiffen saß,
schien meine Sprache zu sprechen.

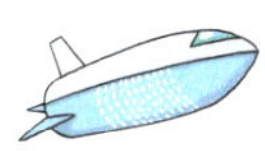

c Schreibe die Geschichte spannend weiter.

Seit drei Jahren war ich mit Doro und dem Roboter Heini
bereits unterwegs, um fremde Welten zu erforschen.
Wir wollten nur noch diesen seltsamen grünen Planeten
erkunden und dann wieder zur Erde fliegen.
Ich gab den Befehl, den Landevorgang zu starten.
Da veränderte der Planet plötzlich seine Farbe. ...

Ich weiß, was Texte spannend macht.

· strategiegeleitet Texte spannend schreiben
· eigenen Lernerfolg reflektieren

FO: Seite 8–11
FO: Seite 40–41

Ortsergänzungen und Zeitergänzungen kennen

1 Wähle eine Aufgabe aus.

a Markiere die Zeitergänzungen in den Aussagesätzen.

Ihr Flug | beginnt | am Samstag | .	**Wann** beginnt ihr Flug?
Sie | ist | dreimal | zum Mars | geflogen | .	**Wie oft** ist sie zum Mars geflogen?
Die Reise | dauert | zwei Jahre | .	**Wie lange** dauert die Reise?
Sie | fliegt | seit 10 Jahren | ins All | .	**Seit wann** fliegt sie ins All?

b Markiere die Ortsergänzungen und Zeitergänzungen in den Sätzen.

Die Astronauten konnten am Montag nicht zur Raumstation fliegen.
Nun warten sie seit Tagen ungeduldig im Trainingszentrum.
Einer der Astronauten kam vor drei Monaten aus Deutschland.
Er befindet sich schon einige Monate im US-Bundesstaat Florida.
Der Astronaut wird nächste Woche ins All fliegen.

c Markiere alle Satzglieder.

Am 6. August 2012 landete der Nasa Rover Curiosity auf dem Mars.
Kurz nach der Landung schickte er den Menschen die ersten Bilder zur Erde.
Curiosity untersuchte auf dem Mars Gesteine. Sein Vorgänger Opportunity forschte fünfzehn Jahre auf dem roten Planeten. Nach einem starken Sturm auf der Oberfläche verstummte er.

Ich erkenne Ortsergänzungen und Zeitergänzungen in Sätzen.

- Satzglieder unterscheiden: Zeitergänzung
- Fachbegriffe kennen
- eigenen Lernerfolg reflektieren

Wörter mit s und ß richtig schreiben

1 Wähle eine Aufgabe aus.

a Lies die Wörter halblaut. Setze s oder ß ein.

Wie___e schie___en gie___en bla___en bewei___en

abbei___en lö___en vorle___en zerrei___en Glä___er Sträu___e

flei___ig Fü___e Na___e grö___er lei___e Ro___e Spä___e

b Setze **s** oder **ß** ein.

verlängertes Wort	s oder ß ?	verlängertes Wort	s oder ß ?
begrüßen	begrü ß te		Flo___
	lie___t		Ga___
	sü___		ra___te
	zerrei___t		verrei___t
	hei___		nie___t

c Streiche den Fehler in jedem Satz durch. Schreibe die Wörter richtig auf.

Die Früchte waren türkis, groß und schmeckten süs. ______________

Das Graß unter seinem Fuß war schneeweiß. ______________

Er reist alle verwelkten Blätter aus dem Strauß. ______________

Sie heist Mika und beißt einfach nur aus Spaß. ______________

Er lößt den Schließmechanismus leise aus. ______________

Ich kann Wörter mit s oder ß richtig schreiben.

- Rechtschreibstrategie anwenden: Verlängern bei Wörtern mit s oder ß
- eigenen Lernerfolg reflektieren

Winter: Einen Limerick kennenlernen

1 Die Kinder sammeln zu Winterbildern Wörter für ein lustiges Wintergedicht.
Was ist das Besondere an ihrer Wörtersammlung?
Tauscht euch aus.

Ziegel
Igel
kalt
Spiegel
Schnecke
raus
Schnee
Tee
Hecke
Decke
Haus

2 Die Kinder haben zu einem der Bilder einen lustigen Limerick geschrieben.
Erklärt den Bauplan eines Limericks.

8	Ein kleiner niedlicher Igel	a
8	verschwand hinter einem Ziegel.	a
5	Nicht lang blieb er dort,	b
5	kam heraus sofort,	b
8	denn er vergaß seinen Spiegel.	a

Achtet auf die Zahlen vor den Versen und die Kleinbuchstaben hinter jedem Vers.

3 Ergänze den Limerick mit den Wörtern aus der Wörtersammlung von Aufgabe 1.
Achte auf den Bauplan eines Limericks.

Dort in der verschneiten H______________

sieht Klaus eine kleine ______________.

Sie schaut aus dem ______________,

will aber nicht ______________,

fragt nach einer warmen ______________.

4 Lest die Limericks betont vor. Macht eine kleine Pause vor dem letzten Vers.

5 Wodurch gelingt es, das Publikum zum Lachen zu bringen?

· Bauplan, Besonderheit und Wirkung eines Limericks kennenlernen und beschreiben

· KV: 139
· KV Fö/FO

· 93

Winter: Einen Limerick schreiben

1 Setze die fehlenden Reimwörter in den Limerick ein.
Finde einen lustigen Schlussvers.

Die Katze im Schnee auf dem ____________

schreit laut und macht beim Klettern ____________

Ihr ist viel zu ____________

Sie verliert den ____________

____

Krach Dach kalt wach Halt

2 Schreibe einen Limerick zum Thema Winter. Du kannst diese Wörter verwenden:

Schneemann bauen gut Hut Mut Häschen schaut zu im Nu

____

____

____

____

____

3 Überprüfe deinen Limerick mit der Checkliste.

4 Tragt eure Limericks vor.

Checkliste: Limerick
- ◯ fünf Verse
- ◯ alle Verse passen zu einem Thema
- ◯ Silbenfolge: 8-8-5-5-8
- ◯ Reimfolge: a a b b a
- ◯ witziger Vers am Ende

· Text-Muster für eigenen Limerick nutzen
· Text anhand der Vorgaben überprüfen
· eigenes Gedicht vortragen (Rezitation)

· KV: 140, 141
· KV Fö/FO

94

Eine spannende Winter-Geschichte schreiben

1 Die Geschichte soll spannender werden.
Ergänze die Lücken mit passenden Spannungsmeldern.
Du kannst auch eigene Spannungsmelder verwenden.

plötzlich	da	aber vergeblich	wie aus dem Nichts	verzweifelt
Sekunden später		bald schon	wie gelähmt	schnell

____

Die Bergwanderung

... Zwischen hohen Bäumen führte der Weg stetig bergauf.

Als Anne nach einer Weile fragte: „Wie weit ist es noch bis zur Hütte?“

fuhr ____________________ ein greller Blitz über den Himmel.

____________________________ folgte ohrenbetäubender Donner.

Dann gab es einen Hagelschauer. Die kleinen Eiskugeln prasselten schmerzhaft

auf uns herab. __________________ konnten wir kaum noch etwas sehen.

__________________ suchten wir nach einer Schutzmöglichkeit.

________ entdeckten wir im Wald neben dem Weg eine überdachte Futterstelle.

__________________ kauerten wir uns eng zusammen auf den Waldboden.

Bald ging der Hagel in Schnee über und starker Wind blies die Flocken

vor sich her. Hörbar klapperten Leas Zähne. Tim versuchte sein Handy

zu benutzen – ________________________. „Leider gibt es hier kein Netz“, sagte

er. ________________________ sahen wir uns an und rückten noch weiter

zusammen. ...

2 Vergleicht eure Ergebnisse.

3 Wie könnten die Kinder gerettet werden?
Denke dir einen passenden Schluss aus.

· Spannungsmelder kennen und nutzen

· KV: 83
· KV Fö/FO

Eine spannende Winter-Geschichte schreiben

1 Der Hauptteil der Geschichte soll spannend werden.
Fülle die Lücken mit passenden Vergleichen, wörtlicher Rede und Spannungsmeldern.

Vergleiche:	wörtliche Rede:	Spannungsmelder:
Minuten wurden zu Stunden wie ein Graben wie Edelsteine	Hilfe! Spannungsgeräusche! Leg dich auf das Brett! Bleib ruhig stehen!	plötzlich, blitzschnell, in der nächsten Sekunde, völlig erstarrt

… Als wir den See betraten, knackte das Eis laut. Ich erschrak.
„__________“, erklärte Lars. Schnurstracks gingen wir über den See zu den Birken. Deren Äste glitzerten __________ in der Sonne. Immer wieder klickten unsere Kameras.
__________ krachte es laut. __________ bildete sich neben meinen Füßen ein tiefer Riss im Eis. __________ vernahm ich wieder ein furchtbares Krachen. Wasser sprudelte durch den Spalt im Eis. __________ blickte ich nach unten. Der Spalt war tief __________. Ich wagte nicht, mich zu bewegen.
„__________“, schrie ich. „__________“, rief Lars mir zu. Ich zitterte vor Angst. Noch hielt das Eis. Würde ich einbrechen und unter der Eisdecke verschwinden? __________
Endlich sah ich Menschen mit einem langen Brett auf mich zukommen. Vorsichtig schoben sie es über den Spalt.
„__________“, schrien sie. …

2 Wähle eine Aufgabe aus.

a Schreibe eine der beiden Geschichten von Seite 62 oder von Seite 63 vollständig auf.

b Schreibe eine eigene spannende Geschichte.

Checkliste: Den Höhepunkt einer Geschichte spannend gestalten
- ◯ treffende Verben
- ◯ passende Adjektive und Vergleiche
- ◯ wörtliche Rede
- ◯ Spannungsmelder

Fachwörter

Wörter

Wörter bestehen aus Buchstaben:
Vokale (Selbstlaute) und **Konsonanten** (Mitlaute).
Silben sind Teile von Wörtern. Manche Wörter haben nur eine Silbe.
Wörter können zwischen den Silben **getrennt** werden.

Wörter mit demselben **Wortstamm** gehören zu einer **Wortfamilie**.
erklettern klettern Kletterer
Manchmal verändert sich der Wortstamm leicht.
Hochseil höher erhöhen

An einen Wortstamm kann man
Wortbausteine anfügen.

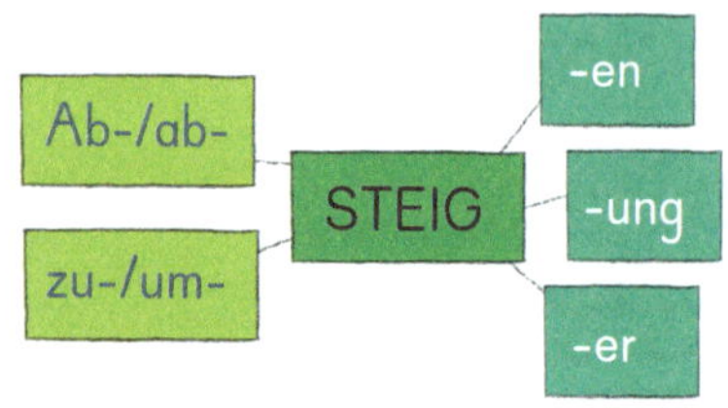

Adjektive

Adjektive geben an, **wie** etwas ist.
Viele Adjektive haben **Vergleichsstufen**.

Verben

Verben geben an, was jemand **tut** oder was **geschieht**.
Sie haben eine **Grundform** (Infinitiv) und **Personalformen**.
Bei den Personalformen verändern sich die Verben.

Verben zeigen die Zeit an, in der etwas geschieht.
Verben können in der **Gegenwart** (Präsens)
und in verschiedenen Vergangenheitsformen stehen.
Beim Sprechen verwendet man häufig
die **zusammengesetzte Vergangenheit** (Perfekt).
Beim Schreiben verwendet man häufig
die **einfache Vergangenheit** (Präteritum).

Die **Zukunftsform** (Futur) beschreibt,
was passieren kann oder wird.

· grundlegende sprachliche Begriffe kennen

Nomen

Nomen sind **Namen** für Menschen, Tiere, Pflanzen und Dinge und auch Namen, die Gedanken, Ideen, Gefühle und Zustände bezeichnen.
Nomen gibt es in der **Einzahl** (Singular) und in der **Mehrzahl** (Plural).

Nomen können einen **Artikel** haben.
Es gibt **bestimmte Artikel**: der, die, das.
Es gibt **unbestimmte Artikel**: ein, eine.

Nomen schreibt man **groß**.
Vor jedes Nomen kann man ein Adjektiv setzen.
Wörter mit den Wortbausteinen **-ung**, **-heit**, **-keit**, **-nis**, **-schaft**, **-tum** am Wortende sind Nomen.

Nomen kann man zusammensetzen.
Mit **zusammengesetzten Nomen** kann man sich genauer ausdrücken.
Das erste Wort ist das **Bestimmungswort**, das zweite Wort das **Grundwort**.
Der Artikel richtet sich nach dem Grundwort.

der Regen + die Jacke
die Regenjacke

Nomen können in vier **Fällen** stehen:

Wer-oder-was-Fall (Nominativ)	Wessen-Fall (Genitiv)	Wem-Fall (Dativ)	Wen-Fall (Akkusativ)
der Trainer	des Trainers	dem Trainer	den Trainer
die Brücke	der Brücke	der Brücke	die Brücke
das Seil	des Seils	dem Seil	das Seil

Im Wer-oder-was-Fall kann man am Artikel erkennen, ob das Nomen männlich, weiblich oder sächlich ist.

Satzglieder

Satzglieder sind **Teile eines Satzes**. Man erkennt sie durch **Umstellen**.

Die Klasse 4	fährt	heute	in den Klettergarten.
In den Klettergarten	fährt	heute	die Klasse 4.

Das Satzglied, das auf die Frage **Wer oder was ...?** antwortet, ist das **Subjekt**.

die Klasse 4

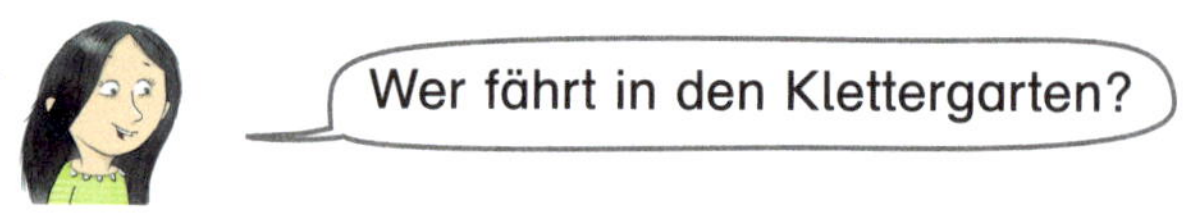

Das Satzglied, das auf die Frage **Was tut/tun ...?** antwortet, ist das **Prädikat**.

sie fährt

Das Satzglied, das auf die Frage **Wen oder was ...?** antwortet, ist die **Wen-oder-was-Ergänzung** (Akkusativ-Objekt).

die Kinder

Das Satzglied, das auf die Frage **Wem ...?** antwortet, ist die **Wem-Ergänzung** (Dativ-Objekt).

dem Trainer

Die **Ortsergänzung** informiert über Orte. Sie antwortet auf die Fragen **Wo ...? Woher ...? Wohin ...?**.

in den Klettergarten

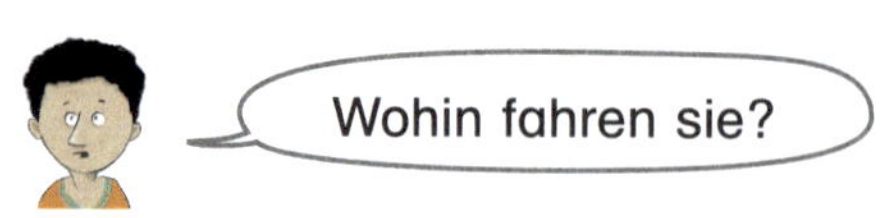

Die **Zeitergänzung** informiert über Zeiten. Sie antwortet auf die Fragen **Wann ...? Wie oft/lange ...? Seit wann ...?**.

heute

· grundlegende sprachliche Begriffe kennen

Sätze und Satzzeichen

Am Ende eines Satzes steht ein **Satzzeichen**.
Am Ende eines **Aussagesatzes** steht ein **Punkt**.

Jörn klettert.

Am Ende einer **Frage** steht ein **Fragezeichen**.

Nach **Ausrufen** und **Aufforderungen** steht oft ein **Ausrufezeichen**.

Das erste Wort im Satz schreibt man **groß**.

Zwischen Wörtern, die etwas **aufzählen**, werden **Kommas** gesetzt.
Zum Klettern brauchst du feste Schuhe, einen Helm, Gurte und Karabinerhaken.

Sätze kann man mit einem **Bindewort** verbinden.
Vor dem Bindewort steht ein **Komma**.

Was jemand spricht, nennt man **wörtliche Rede**.
Im **Begleitsatz** steht, wer spricht und wie gesprochen wird.
Der Trainer sagt: „Willkommen im Klettergarten."

Satzzeichen bei der wörtlichen Rede:

	Begleitsatz	:	„	wörtliche Rede		. ? !	“
„	wörtliche Rede (Aussage)		“	,	Begleitsatz	.	
„	wörtliche Rede (Frage)	?	“	,	Begleitsatz	.	
„	wörtliche Rede (Ausruf/Aufforderung)	!	“	,	Begleitsatz	.	

Der Trainer erklärt: „Dies hier ist unser Einstiegsparcours.“
„Den muss jedes Kind einmal durchklettern“, sagt er.
„Seid ihr bereit?“, fragt die Lehrerin.
„Ja!“, rufen die Kinder.

· grundlegende sprachliche Begriffe kennen

A a

der **Abschied**, die Abschiede
abfahren, er fährt ab, er fuhr ab, er ist abgefahren
abschreiben, er schreibt ab, er schrieb ab, er hat abgeschrieben
abstellen, sie stellt ab, sie stellte ab, sie hat abgestellt
adressieren, er adressiert, er adressierte, er hat adressiert
ähneln, sie ähnelt, sie ähnelte, sie hat geähnelt
alle
das **Alphabet**, die Alphabete
alt, älter, am ältesten
die **Altstadt**, die Altstädte
am
ankommen, sie kommt an, sie kam an, sie ist angekommen
die **Anschaffung**, die Anschaffungen
sich **anstellen**, er stellt sich an, er stellte sich an, er hat sich angestellt
die**Anweisung**, die Anweisungen
die **Apotheke**, die Apotheken
der **Äquator**
außen
außerdem

B b

backen, er bäckt, er buk, er hat gebacken
der **Ball**, die Bälle
die **Bank**, die Bänke
der **Bär**, die Bären
der **Baum**, die Bäume
beenden, er beendet, er beendete, er hat beendet
befehlen, sie befehlt, sie befahl, sie hat befohlen
beginnen, es beginnt, es begann, es hat begonnen
die **Begleitung**, die Begleitungen
begrüßen, sie begrüßt, sie begrüßte, sie hat begrüßt
beinahe
beißen, es beißt, es biss, es hat gebissen
belohnen, er belohnt, er belohnte, er hat belohnt
die **Belohnung**, die Belohnungen
bemerken, sie bemerkt, sie bemerkte, sie hat bemerkt
die **Bereitschaft**
beschließen, sie beschließt, sie beschloss, sie hat beschlossen
der **Beutel**, die Beutel
bevor
der **Bewohner**, die Bewohner
der **Blick**, die Blicke
blind
der **Blitz**, die Blitze
der **Block**, die Blöcke
blühen, es blüht, es blühte, es hat geblüht
die **Botschaft**, die Botschaften
brandneu
das **Brauchtum**, die Brauchtümer
braun
bringen, sie bringt, sie brachte, sie hat gebracht
der **Brotlaib**, die Brotlaibe
der **Bruder**, die Brüder
buchstabieren, er buchstabiert, er buchstabierte, er hat buchstabiert
sich **bücken**, sie bückt sich, sie bückte sich, sie hat sich gebückt

C c

das **Cello**, die Cellos (die Celli)
der **Cent**, die Cent(s)
chatten, er chattet, er chattete, er hat gechattet
der **Clown**, die Clowns
der **Comic**, die Comics
der **Computer**, die Computer
die **Cornflakes** (Pluralwort)
der **Cowboy**, die Cowboys
die **Currywurst**, die Currywürste

D d

danken, sie dankt, sie dankte, sie hat gedankt
darum
davor
die **Decke**, die Decken
dehnen, er dehnt, er dehnte, er hat gedehnt
dein
deine
dekorieren, sie dekoriert, sie dekorierte, sie hat dekoriert
denken, er denkt, er dachte, er hat gedacht
der **Detektiv**, die Detektive
der **Dieb**, die Diebe
die **Dose**, die Dosen
draußen
drehen, sie dreht, sie drehte, sie hat gedreht
dreißig
drohen, er droht, er drohte, er hat gedroht
dürfen, er darf, er durfte, er hat gedurft

E e

ehrlich, ehrlicher, am ehrlichsten
eigenes
das **Eigentum**, die Eigentume
einstellig
das **Eis** (Pluralwort)
emotional, emotionaler, am emotionalsten
empfehlen, sie empfiehlt, sie empfahl, sie hat empfohlen
das **Ende**
das **Endergebnis**, die Endergebnisse
der **Endlauf**
endlich
endlos
die **Endnote**, die Endnoten
der **Endpunkt**, die Endpunkte
das **Endspiel**, die Endspiele
der **Endspurt**
die **Endstation**, die Endstationen
die **Endung**, die Endungen
entdecken, er entdeckt, er entdeckte, er hat entdeckt
die **Entfernung**, die Entfernungen
entscheiden, sie entscheidet, sie entschied, sie hat entschieden
die **Entschuldigung**, die Entschuldigungen
die **Erbschaft**, die Erbschaften
das **Ereignis**, die Ereignisse
ergänzen, er ergänzt, er ergänzte, er hat ergänzt
das **Ergebnis**, die Ergebnisse
erkältet
die **Erkältung**, die Erkältungen
die **Erlaubnis**, die Erlaubnisse
das **Erlebnis**, die Erlebnisse
erledigen, er erledigt, er erledigte, er hat erledigt
essen, er isst, er aß, er hat gegessen
das **Essen**, die Essen
die **Etage**, die Etagen
euer
experimentieren, sie experimentiert, sie experimentierte, sie hat experimentiert

F f

die **Fähigkeit**, die Fähigkeiten
das **Fahrrad**, die Fahrräder
die **Fahrt**, die Fahrten
fallen, es fällt, es fiel, es ist gefallen
fangen, er fängt, er fing, er hat gefangen
fehlen, es fehlt, es fehlte, es hat gefehlt
der **Fehler**, die Fehler
fehlerhaft
die **Finsternis**
der **Fleck**, die Flecken
fleißig, fleißiger, am fleißigsten
fliegen, er fliegt, er flog, er ist geflogen
fliehen, sie flieht, sie floh, sie ist geflohen
fließen, es fließt, es floss, es ist geflossen
der **Floh**, die Flöhe
das **Floß**, die Flöße
der **Fluss**, die Flüsse
das **Fohlen**, die Fohlen
der **Föhn**, die Föhne
fotografieren, sie fotografiert, sie fotografierte, sie hat fotografiert
fragen, er fragt, er fragte, er hat gefragt
fremd
der **Freund**, die Freunde
froh, froher, am frohesten
der **Froschlaich**
führen, sie führt, sie führte, sie hat geführt
funktionieren, es funktioniert, es funktionierte, es hat funktioniert
der **Fuß**, die Füße

G g

gähnen, sie gähnt, sie gähnte, sie hat gegähnt
ganz
die **Garage**, die Garagen
das **Gebäude**, die Gebäude
geben, er gibt, er gab, er hat gegeben
der **Geburtstag**, die Geburtstage
die **Gefahr**, die Gefahren
gefährlich, gefährlicher, am gefährlichsten
das **Gefängnis**, die Gefängnisse
das **Geheimnis**, die Geheimnisse
gehen, sie geht, sie ging, sie ist gegangen
das **Geländer**, die Geländer
gemeinsam
genießen, er genießt, er genoss, er hat genossen
das **Gepäck**
das **Gerät**, die Geräte
die **Gesellschaft**
das **Getränk**, die Getränke
das **Gewächs**, die Gewächse
gewinnen, er gewinnt, er gewann, er hat gewonnen
das **Gewitter**, die Gewitter
gießen, es gießt, es goss, es hat gegossen
die **Gitarrensaite**, die Gitarrensaiten
das **Glas**, die Gläser
glatt, glatter, am glattesten
glauben, sie glaubt, sie glaubte, sie hat geglaubt
graben, er gräbt, er grub, er hat gegraben
das **Graffiti**, die Graffitis
das **Gras**, die Gräser
gratulieren, sie gratuliert, sie gratulierte, sie hat gratuliert
groß, größer, am größten
der **Gruß**, die Grüße
gucken, sie guckt, sie guckte, sie hat geguckt

H h

haben, er hat, er hatte, er hat gehabt
der **Hai**, die Haie
die **Haltestelle**, die Haltestellen
die **Haltung**, die Haltungen
das **Handy**, die Handys
hängen, es hängt, es hing, es hat gehangen
häufig
die **Hauptstadt**, die Hauptstädte
das **Haus**, die Häuser
die **Haut**, die Häute
das **Heiligtum**, die Heiligtümer
heißen, sie heißt, sie hieß, sie hat geheißen
die **Heiterkeit**
heizen, er heizt, er heizte, er hat geheizt
hell, heller, am hellsten
die **Herrschaft**
hier
das **Hindernis**, die Hindernisse
die**Hitze** (Pluralwort)
hoch, höher, am höchsten
die **Höhle**, die Höhlen
hören, sie hört, sie hörte, sie hat gehört
die **Hose**, die Hosen
das **Huhn**, die Hühner
die **Hummel**, die Hummeln
der **Hund**, die Hunde
hupen, er hupt, er hupte, er hat gehupt

I i

ihn
ihr, ihre
im
in
informieren, er informiert, er informierte, er hat informiert
das **Internet**
das **Interview**, die Interviews
inzwischen
der **Irrtum**, die Irrtümer

J j

die **Jacke**, die Jacken
das **Jahr**, die Jahre
jetzt
die **Jury**, die Jurys

K k

der **Käfer**, die Käfer
der **Käfig**, die Käfige
der **Kaiser**, die Kaiser
kämmen, sie kämmt, sie kämmte, sie hat gekämmt
kassieren, er kassiert, er kassierte, er hat kassiert
die **Katastrophe**, die Katastrophen
die **Klasse**, die Klassen
klingen, es klingt, es klang, es hat geklungen
klug, klüger, am klügsten
kommen, sie kommt, sie kam, sie ist gekommen
können, er kann, er konnte, er hat gekonnt
krächzen, es krächzt, es krächzte, es hat gekrächzt
die **Krähe**, die Krähen
kratzen, sie kratzt, sie kratzte, sie hat gekratzt
kreativ, kreativer, am kreativsten
der **Krug**, die Krüge
die **Kuh**, die Kühe
kühl, kühler, am kühlsten
das **Küken**, die Küken

L l

laden, es lädt, es lud, es hat geladen
der **Laie**, die Laien
der/das **Laptop**, die Laptops
der **Lärm**
lärmen, es lärmt, es lärmte, es hat gelärmt
lärmend
lassen, er lässt, er ließ, er hat gelassen

laufen, sie läuft, sie lief, sie ist gelaufen
lecker, leckerer, am leckersten
der **Lehm**
die **Lehne**, die Lehnen
der **Lehrer**, die Lehrer
lesen, sie liest, sie las, sie hat gelesen
lieben, er liebt, er liebte, er hat geliebt
das **Lied**, die Lieder
liegen, sie liegt, sie lag, sie hat gelegen
loben, er lobt, er lobte, er hat gelobt
das **Los**, die Lose

M m

das **Mädchen**, die Mädchen
mähen, sie mäht, sie mähte, sie hat gemäht
der **Mai**
der **Mais**
man
die **Mannschaft**, die Mannschaften
markieren, sie markiert, sie markierte, sie hat markiert
der **März**
das **Mehl**
mein
merken, er merkt, er merkte, er hat gemerkt
messen, sie misst, sie maß, sie hat gemessen
mir
mit
möglichst
der **Monat**, die Monate
der **Mond**, die Monde
das **Mountainbike**, die Mountainbikes
die **Mücke**, die Mücken
müssen, er muss, er musste, er hat gemusst
mutig, mutiger, am mutigsten

N n

nachdem
nah, näher, am nächsten
die **Nähe**
die **Naht**, die Nähte
neben
nehmen, er nimmt, er nahm, sie hat genommen
das **Nest**, die Nester
niesen, er niest, er nieste, er hat geniest
nummerieren, sie nummeriert, sie nummerierte, sie hat nummeriert
nun
nur
nutzen, er nutzt, er nutzte, er hat genutzt

O o

obwohl
der **Ofen**, die Öfen
offen
ohne
Olympia
operieren, sie operiert, sie operierte, sie hat operiert
organisieren, er organisiert, er organisierte

P p

packen, sie packt, sie packte, sie hat gepackt
die **Physik**
piepen, es piept, es piepte, es hat gepiept
präsentieren, sie präsentiert, sie präsentierte, sie hat präsentiert
probieren, er probiert, er probierte, er hat probiert
putzen, sie putzt, sie putzte, sie hat geputzt

Qu qu

quaken, es quakt, es quakte, es hat gequakt

R r

der **Rahmen**, die Rahmen
ratlos
rauben, er raubt, er raubte, er hat geraubt
räumen, sie räumt, sie räumte, sie hat geräumt
sich **räuspern**, er räuspert sich, er räusperte sich, er hat sich geräuspert
das **Reh**, die Rehe
der **Reichtum**, die Reichtümer
reizen, sie reizt, sie reizte, sie hat gereizt
reparieren, sie repariert, sie reparierte, sie hat repariert
der **Rock**, die Röcke
die **Ruhe**
rühren, sie rührt, sie rührte, sie hat gerührt

S s

die **Säge**, die Sägen
sagen, er sagt, er sagte, er hat gesagt
die **Sahne** (Pluralwort)
sammeln, sie sammelt, sie sammelte, sie hat gesammelt
saugen, er saugt, er saugte, er hat gesaugt
die **Säule**, die Säulen
der **Schatten**, die Schatten
der **Schatz**, die Schätze
schick, schicker, am schicksten
schicken, er schickt, er schickte, er hat geschickt
schlafen, sie schläft, sie schlief, sie hat geschlafen
schläfrig, schläfriger, am schläfrigsten
schließen, er schließt, er schloss, er hat geschlossen
schmecken, es schmeckt, es schmeckte, es hat geschmeckt
schnell, schneller, am schnellsten
schnitzen, sie schnitzt, sie schnitzte, sie hat geschnitzt
schön, schöner, am schönsten
der **Schuh**, die Schuhe
die **Schuld** (Pluralwort)
die **Schule**, die Schulen
schwimmen, sie schwimmt, sie schwamm, sie ist geschwommen
sehen, er sieht, er sah, er hat gesehen
sehr
sein, seine
sein, ich bin, du bist, er/sie/es ist, wir sind, ihr seid, sie sind, ich war, du warst, er/sie/es war, wir waren, ihr wart, sie waren, ich bin gewesen
die **Seltenheit**
senden, gesandt
sich **setzen**, sie setzt sich, sie setzte sich, sie hat sich gesetzt
Silvester
der **Sitz**, die Sitze
sitzen, sie sitzt, sie saß, sie hat gesessen
spät, später, am spätesten
spätestens
der **Spatz**, die Spatzen

der **Spiegel**, die Spiegel
der **Stab**, die Stäbe
die **Stadt**, die Städte
stadtbekannt
städtisch
staubig, staubiger, am staubigsten
stecken, er steckt, er steckte, er hat gesteckt
stehen, es steht, es stand, es hat gestanden
stehlen, er stiehlt, er stahl, er hat gestohlen
steigen, sie steigt, sie stieg, sie ist gestiegen
steuern, sie steuert, sie steuerte, sie hat gesteuert
stinken, es stinkt, es stank, es hat gestunken
der **Strauß**, die Sträuße
streiten, er streitet, er stritt, er hat gestritten
die **Strophe**, die Strophen
das **Stück**, die Stücken
stützen, er stützt, er stützte, er hat gestützt
surfen, sie surft, sie surfte, sie hat/ist gesurft
süß, süßer, am süßesten
das **Symbol**, die Symbole

T t

das **Tablet**, die Tablets
der **Tag**, die Tage
täglich
der **Taifun**, die Taifune
das **Theater**, die Theater
der **Toaster**, die Toaster
toben, er tobt, er tobte, er hat getobt
trainieren, sie trainiert, sie trainierte, sie hat trainiert
die **Träne**, die Tränen
treffen, er trifft, er traf, er hat getroffen
der **Treibstoff**, die Treibstoffe
der **Triumph**, die Triumphe
trotzdem
das **T-Shirt**, die T-Shirts

U u

über
um
umfahren
der **Umweltschutz**
unendlich
ungefähr
ungekämmt
unsere
unter
unterwegs

V v

die **Vanille**
die **Vase**, die Vasen
das **Verbot**, die Verbote
verbieten, er verbietet, er verbot, er hat verboten
vergessen, er vergisst, er vergaß, er hat vergessen
das **Verhältnis**, die Verhältnisse
verreisen, er verreist, er verreiste, er ist verreist
verschlafen, sie verschläft, sie verschläft, sie hat verschlafen
sich **verspäten**, er verspätet sich, er verspätete sich, er hat sich verspätet
das **Verständnis**
die **Verwandtschaft**
verwandt
der **Verwandte**, die Verwandten
viel, mehr, am meisten
viele
vielleicht
die **Villa**, die Villen
der **Virus**, die Viren
der **Vogel**, die Vögel
vollständig
von
vor
vorne
die **Vorsicht**
vorsichtig, vorsichtiger, am vorsichtigsten
die **Vorstellung**, die Vorstellungen
der **Vulkan**, die Vulkane

W w

das **Wachstum**
wählen, sie wählt, sie wählte, sie hat gewählt
wahr
während
die **Wanderschaft**
der **Weg**, die Wege
die **Welt**
wickeln, er wickelt, er wickelte, er hat gewickelt
wiegen, es wiegt, es wog, es hat gewogen
die **Wildnis**
wissen, sie weiß, sie wusste, sie hat gewusst
die **Wissenschaft**, die Wissenschaften
der **Witz**, die Witze
wohnen, sie wohnt, sie wohnte, sie hat gewohnt
die **Wohnung**, die Wohnungen
wollen, er will, er wollte, er hat gewollt

X x

das **Xylofon**, die Xylofone

Y y

die **Yacht**, die Yachten
das **Yak**, die Yaks

Z z

die **Zahl**, die Zahlen
zähmen, sie zähmt, sie zähmte, sie hat gezähmt
der **Zeh**, die Zehen
zeigen, er zeigt, er zeigte, er hat gezeigt
das **Zeugnis**, die Zeugnisse
ziehen, sie zieht, sie zog, sie hat gezogen
das **Ziel**, die Ziele
das **Zimmer**, die Zimmer
der **Zug**, die Züge
zuhören, sie hört zu, sie hörte zu, sie hat zugehört
zusammen

Kompetenzübersicht: Teil B

Themen-Kapitel	Sprechen und Zuhören	Schreiben: Texte verfassen	Schreiben: Richtig schreiben	Sprache untersuchen	Lesen – mit Texten und Medien umgehen
Willkommen in Heft B Heft B S. 4–5				Wortarten und Fachbegriffe wiederholen **4, 5**	spielerische Rätselfragen lesen und (zuhörend) verstehen **4**; Spielanleitung verstehen und umsetzen, sich an vorgegebene und selbst formulierte Regeln halten **5**
Kinder der Welt Heft B S. 6–23	funktionsangemessen sprechen: beschreiben und vermuten **6**; beschreiben und erklären, sich ergebnisorientiert an Gesprächsform (Kugellager) beteiligen **7**	Strukturierungs- und Planungshilfe nutzen: Planungsbogen für Lapbook **8**; Strukturierungs- und Gestaltungsmöglichkeiten reflektieren, ein Lapbook präsentieren **9**	Begründungen und Erklärungen geben **14–16**; Rechtschreibstrategie: Merken (Fremdwörter) **14**; Rechtschreibstrategien: Schwingen, Vokallänge prüfen (Doppelkonsonanz) **15, 22**; Rechtschreibstrategien: Schwingen, Vokallänge prüfen (Wörter mit ck und tz) **16, 17, 23**; über Rechtschreibstrategien reflektieren und sie anwenden, Übungsformen nutzen **18**; Lern- und Arbeitstechniken nutzen, methodisch sinnvoll abschreiben, Wörter des Grundwortschatzes **19, 20**; eigenen Lernerfolg reflektieren **22, 23**	sprachliche Operationen nutzen: umstellen, Fachbegriffe kennen, Satzglied Subjekt bestimmen **10**; sprachliche Operationen nutzen: umstellen, Fachbegriffe kennen, Satzglied Prädikat bestimmen **11**; zweiteiliges Prädikat bestimmen **12, 13, 21**; eigenen Lernerfolg reflektieren **21**	Erklärvideos und interaktive Übungen nutzen **9–17** Informieren und Recherchieren **6, 8**
So lebten die Wikinger Heft B S. 24–41	Informationen entnehmen, beschreiben, erzählen, Stichpunktkarten schreiben **24**; Referat planen, adressatenorientiert Sprechstrategien wählen, Stichpunktkarten nutzen **25**	informierenden Text planen: Sachtext, Schreibziel fomulieren, Stichpunktkarten als Strukturierungshilfe **26**; adressaten- und funktionsgerecht schreiben Sachtext strategiegeleitet verfassen und überarbeiten **27**	Rechtschreibstrategie: Merkwörter mit h **32**; Rechtschreibstrategie: mit Wortbausteinen arbeiten, Wörter nach Wortfamilien ordnen **33, 40**; Rechtschreibstrategie: Wörter ableiten **34, 35, 41**; Fehlersensibilität entwickeln: Texte sprachlich und orthografisch verbessern **36**; Lern- und Arbeitstechniken nutzen, methodisch sinnvoll abschreiben, Wörter des Grundwortschatzes **37, 38**; eigenen Lernerfolg reflektieren **40, 41**	Satzglieder unterscheiden: Akkusativ, Fachbegriffe kennen **28, 39**; Satzglieder unterscheiden: Dativ, Fachbegriffe kennen **29**; Satzglieder unterscheiden: Dativ und Akkusativ, Fachbegriffe kennen **30**; sprachliche Strukturen und Verfahren kennen und anwenden: Verschmelzung von Artikel und Präposition **31**; eigenen Lernerfolg reflektieren **39**	Erklärvideos und interaktive Übungen nutzen **26–35** Informieren und Recherchieren **24**
Im All unterwegs Heft B S. 42–59	situationsgerecht sprechen: beschreiben, Vermutungen, eigene Erfahrungen und Meinungen einbringen **42**; Informationen entnehmen, sprachliche Mittel auf Wirkung untersuchen: Anschaulichkeit, kreativ mit Sprache umgehen: Vergleiche **43**	erzählerische Elemente untersuchen, Fachbegriffe kennen: Spannungsbogen, Handlungsschritte, Spannungshöhepunkt **44**; eine spannende Geschichte planen **45**; Spannungsmelder kennen und nutzen **46**; Texte spannend schreiben, spielerisch und kreativ mit Sprache umgehen **47, 57**; Lernerfolg reflektieren **59**	Rechtschreibstrategie anwenden: Verlängern bei Wörtern mit s oder ß **52, 59**; Rechtschreibstrategie anwenden: Merkwörter mit ä **53**; Lerntechniken zum Trainieren der Rechtschreibkompetenz kennen: Fehlerschwerpunkte finden **54**; Arbeitstechniken nutzen, methodisch sinnvoll abschreiben, Wörter des Grundwortschatzes **55, 56**; eigenen Lernerfolg reflektieren **59**	Satzglieder unterscheiden: Ortsergänzung, Fachbegriffe kennen **48, 49**; Satzglieder unterscheiden: Zeitergänzung, Fachbegriffe kennen, erklären und beschreiben **50, 51, 58**; eigenen Lernerfolg reflektieren **58**	Erklärvideos und interaktive Übungen **45, 47–53**
Fit durch das Jahr Heft B S. 60–63		Bauplan, Besonderheit und Wirkung eines Limericks kennenlernen und beschreiben **60**; Text-Muster für eigenen Limerick nutzen, Text überprüfen, Gedicht vortragen **61**; strategiegeleitet Texte spannend schreiben, kreativ mit Sprache umgehen **62, 63**			Erklärvideos und interaktive Übungen nutzen **60, 61, 63**

westermann

BAUSTEINE

Spracharbeitsheft **Teil A**

Herausgegeben von
Gabriele Hinze

Erarbeitet von
Björn Bauch, Kirchzarten
Ulrike Dirzus, Iserlohn
Gabriele Hinze, Metelen
Alexandra Isack, Frankfurt
Kerstin Riesberg, Wallenhorst
Romina Stevens, Bramsche

4

Inhalt

Kompetenzen der Seite
Medienbildung

KV – Kopiervorlage
KV Fö/FO – KV Fördern/Fordern
Erklärvideo

RS – Trainingsheft Rechtschreibstrategien
Interaktive Übungen

Diese Zeichen findest du in deinen Arbeitsheften:

Nutze dein Heft, um die Aufgabe zu lösen.

Überlege, ob du diese Arbeit
in deinem Portfolio sammeln willst.

Auf diesen Seiten erklärt dir Quiesel,
wie du vorgehst.

W Das sind die Übungswörter des Kapitels.

! In den Merkkästen werden die Fachbegriffe erklärt.

Zusatztexte erkennst du auch an dieser Farbe.

Hallo, ich bin Quiesel.
Ich gebe dir wichtige Tipps!

Aufgaben

1 abschreiben, wiedergeben, ausführen

1 anwenden, nachdenken, üben

1 weiterdenken, forschen, begründen

1 Auswahlaufgabe

1 Diese Aufgabe kannst du
mit einem Partnerkind bearbeiten.

1 Gruppenarbeit

Rechtschreibstrategien

Wörter in Silben schwingen
und deutlich sprechen

Wörter verlängern

Wörter ableiten

Nomen großschreiben

Merken

Mit Wortbausteinen arbeiten

Länge des Selbstlautes prüfen

Lustige Sprüche gestalten

1 Was planen die Kinder? Beschreibt.

2 Welcher coole Spruch fällt dir für die 4. Klasse ein?
Schreibe ihn auf den Button.

3 Wie wird ein Button fertiggestellt?
Schreibe eine Anleitung auf.

Du brauchst: Kleber, Stift, …

So geht es: 1. Schneide einen Papierkreis aus. 2. Beschrifte …

1. Schneide …aus.
2. Beschrifte und gestalte …
3. Laminiere … und schneide … aus.
4. Klebe Klettband …

____

____

____

____

4 Stellt eigene Buttons nach der Anleitung her.

- spielerisch und im Austausch Textideen entwickeln
- eine Anleitung aufschreiben und umsetzen

- KV: 1

Arbeitsanweisungen verstehen

1 Schreibe das passende Verb zu der Erklärung.

eintragen	ankreuzen	diskutieren
ergänzen	begründen	umstellen

1. ein Kreuz machen, wo die richtige Antwort ist ____________________
2. etwas in eine Tabelle schreiben ____________________
3. Argumente zu einem Thema austauschen ____________________
4. etwas dazuschreiben, was noch fehlt ____________________
5. sagen, warum ich das meine ____________________
6. Wörter im Satz in eine andere Reihenfolge bringen ____________________

2 Was soll getan werden? Beschrifte die Bilder mit dem passenden Verb.

vergleiche   erkläre   begründe   trage ein

____________________ ____________________ ____________________ ____________________

3 Welche Wörter in den Aufgabentexten sagen dir, was du tun sollst? Markiere.

- Kreuze die richtigen Antworten an.
- Begründe deine Antwort.
- Beschreibe das Bild.
- Vergleicht eure Ergebnisse.
- Führe das Experiment durch.
- Unterstreiche alle Nomen.
- Schlage die Adjektive im Wörterbuch nach.
- Stelle die Satzglieder um.

· über Bildungs- und Alltagssprache reflektieren
· Operatoren kennen und verstehen

· KV: 2, 147–150

1 Was seht ihr auf den Bildern? Beschreibt.

2 Denke dir Namen für die Häuser aus. Trage sie ein.

3 In welchem der Häuser würdest du gerne wohnen? Tauscht euch aus.

Ich würde gerne in … wohnen, weil …
Besonders interessant finde ich …   Ich stelle mir vor, dass …

- Bilder genau beschreiben
- Gefühle und persönliche Interessen ausdrücken und erklären

- KV: 5

Anschaulich erzählen: Ein Tag in meinem Traumhaus

1 Welchen Tag im Hunde-Traumhaus könnt ihr euch besser vorstellen? Begründet.

2 Markiere in der rechten Sprechblase die Stellen, an denen du dir gut vorstellen kannst, was erzählt wird. Schreibe Beispiele auf.

____

____

____

____

3 Verändert die Erzählung in der linken Sprechblase so, dass man sich einen Tag im Hunde-Traumhaus gut vorstellen kann.

Mein Zimmer ist …   Im Erdgeschoss …   In der Mitte meines Hauses…
Auf dem Dach …   Mein Lieblingsplatz ist …
Morgens nach dem Aufstehen …   Mittags bin ich am Liebsten …
Beim Abendessen …

4 Suche dir ein Traumhaus aus. Erzähle möglichst anschaulich über einen Tag in diesem Haus.

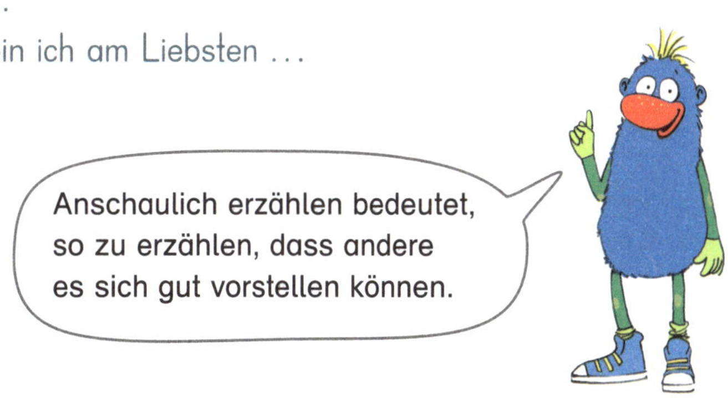

Eine Textsorte zum Schreiben aussuchen

1 Welche Checkliste gehört zu welchem Text? Trage die passende Nummer ein.

① Mein Traumhaus

Ein Haus auf dem Wasser
Eine Brücke führt mich zur Tür
Die Wellen wiegen es sanft
Ein Haus auf dem Wasser …

② Traumdorf, 11.09.

Liebe Oma,

vielen Dank für deinen Brief. Der Postbote hat den Briefkasten in unserem neuen Traumhaus gefunden. Wir wohnen jetzt in den Bäumen. Jeden Morgen …

③ Traumhaus zu verkaufen

Ich verkaufe mein Traumhaus. Es sieht aus, wie ein großer Stein. Oben auf dem Stein sieht man …

④ Das geheimnisvolle Traumhaus

Gestern schlief ich zum ersten Mal in meinem Traumhaus …

Checkliste: Schriftlich beschreiben/ Beschreibung ◯
- ✓ sinnvolle Reihenfolge
- ✓ genau beschreiben
- ✓ vollständig beschreiben
- ✓ passende Wörter (Fachwörter, Adjektive)
- ✓ Gegenwartsform verwenden

Checkliste: Rondell ◯
- ✓ 8 Verse, die zum Thema passen
- ✓ Versreihenfolge

Checkliste: Tipps für einen Brief ◯
- ✓ Ort und Datum
- ✓ Anrede
- ✓ Abschiedsgruß
- ✓ Unterschrift

Checkliste: Eine Geschichte aufbauen ◯
- ✓ passende Überschrift
- ✓ Einleitung: Wer? Wann? Wo?
- ✓ Hauptteil: Was passiert? Wie geht es weiter?
- ✓ Schluss: Wie endet die Geschichte?

2 Entscheide dich für eine Textsorte und schreibe über dein Traumhaus.

- verschiedene Textsorten kennen
- interessegeleitet eine Textsorte wählen und funktionsgerecht schreiben

· KV: 7

Texte präsentieren

1 Wie werden die Texte präsentiert? Erklärt.

Text in einer Gruppe vortragen
1. Klasse oder kleine Gruppe versammelt sich als Publikum
2. den Text vortragen
3. Publikum gibt Rückmeldungen nach dem Vortrag

Scheiben-Präsentation
1. Text aufschreiben und gestalten
2. Seiten an einer Scheibe mit Text nach innen befestigen
3. Texte können von allen gelesen werden

mit einer App ein Buch erstellen
1. zum Text passende Bilder herstellen
2. Bilder für das digitale Buch fotografieren und Texte ergänzen
3. digitales Buch am Tablet oder Handy lesen

2 Was sind Vorteile und Nachteile der Präsentationsformen? Tauscht euch aus.

3 Welche Möglichkeiten kennt ihr noch, einen Text zu präsentieren? Erklärt.

4 Wie möchtest du deinen Text präsentieren? Begründe.
Ich wähle …, weil …

____

____

5 Präsentiert eure Texte.

- verschiedene Präsentationsformen kennen
- sich über Vor- und Nacheile austauschen
- begründet Präsentationsform auswählen

Verben kennen und verwenden

1 Wiederhole dein Wissen über Verben. Trage die Begriffe passend ein.

Grundform Personalform Wortart Zeitformen Verben Personalform

Verben sind eine ______________________.

______________________ geben an, was jemand tut oder was geschieht.

Sie haben eine Grundform und eine ______________________.

Das Verb **wohnen** steht in der ______________________.

Bei **ich wohne** steht das Verb in einer ______________________.

Verben können auch in unterschiedlichen ______________________ stehen.

2 Trage die passende Personalform der Verben ein.

Enno (wohnen) ______________________ in unserer Siedlung.

Man (können) ______________________ sein Haus ganz einfach finden.

Es (ähneln) ______________________ nämlich einem großen Hund.

An der Seite des Hunde-Hauses (sein) ______________________

eine große Treppe.

Diese (führen) ______________________ direkt in die Hundeschnauze.

Viele Besucher (wollen) ______________________ das Haus

(besichtigen) ______________________.

Ennos Vater (stören) ______________________

das ein bisschen, weil er an den Wochenenden

keine Ruhe mehr (haben) ______________________.

(Kennen) ______________________ du auch besondere Häuser?

· grundlegende Fachbegriffe kennen: Verben
· Grundformen und Zeitformen kennen

· KV: 8
· KV Fö/FO
·

· 2

Verben kennen und verwenden

1 Trage die Zeitformen der Verben in die Tabelle ein.

Grundform (Infinitiv)	Gegenwart (Präsens)	einfache Vergangenheit (Präteritum)	zusammengesetzte Vergangenheit (Perfekt)
leben	ich lebe	ich lebte	ich habe gelebt
laufen	du		
gehen	er		
treffen	wir		
kommen	du		
befindet	es		
sein	ich		
haben	sie		

2 Trage die richtigen Personalformen der Verben im Präteritum ein.

Amelie (leben) ____________________ in der Heidestraße.

Sie (haben) ____________________ viele Freundinnen in der Nachbarschaft.

Alle Kinder aus der Straße (gehen) ____________________ in dieselbe Schule.

Morgens (treffen) ____________________ Amelie ihre beste Freundin vor ihrem Haus.

Etwas später (kommen) ____________________ immer noch Paul dazu.

Meistens (sein) ____________________ er pünktlich.

Zusammen (laufen) ____________________ sie dann in die Schule.

Die Schule (befinden) ____________________ sich vier Straßen weiter.

Es (sein) ____________________ ein kurzer Weg für die Kinder.

Aufforderungsformen kennen und verwenden

1 Lest den Text in den Sprechblasen. Was fällt euch auf?

Die **Aufforderungsform** (Imperativ) wird mit einem Verb gebildet. Sie steht am Satzanfang.
Am Satzende kann ein Ausrufezeichen stehen.
Aufforderung an **eine** Person: **Fahre** vorsichtig! **Nimm** Rücksicht!
Aufforderung an **mehrere** Personen: **Fahrt** vorsichtig! **Nehmt** Rücksicht!
Höflichkeitsform: **Fahren** Sie bitte vorsichtig. **Nehmen** Sie bitte Rücksicht.

2 Ergänze die passende Aufforderungsform.

________________ mir dein Heft. (bringen)

________________ Sie abends die Tür! (schließen)

________________ eure Räder in den Fahradkeller! (stellen)

________________ dein Frühstück! (essen)

3 Bilde Aufforderungssätze an **eine** Person.

Text in Schönschrift abschreiben	Schreibe den Text in Schönschrift ab.
an die Aufgaben denken	________________
zu mir kommen	________________
mir mal zuhören	________________
nicht so schnell essen	________________

· verschiedene Satzarten und Fachbegriffe kennen: Aufforderungsform (Imperativ)
· Satzstruktur erkennen und anwenden

· KV: 9, 10
· KV Fö/FO

· 3

Dialekte vergleichen

1 Worüber sprechen die Kinder? Warum verwenden sie verschiedene Wörter?

2 Sprecht die Sätze in den Sprechblasen nach.
Schreibt ihre Bedeutung auf.
Nutzt die Dialektwörterbücher.

Do hets gschäbberet!

____

En ungefangen Fisk is neet good för de Disk.

____

____

Numme ned hudle!

____

Mall Moortje, mall Kindje.

____

Dialekt-Wörterbuch Badisch
gschäbberet – geknallt
hudle – stressen
hets – es hat
Numme – nur nicht

Dialekt-Wörterbuch Friesisch
Disk – der Tisch
Fisk – der Fisch
Kindje – das Kind
Mall … mall – wie die … so das
Moortje – die Mutter

3 Welche Dialektwörter kennt ihr? Legt eine Sammlung an.

- Gemeinsamkeiten und Unterschiede von Sprachen untersuchen (Dialekte)
- Bedeutung einzelner Wörter beschreiben

- KV: 11
- KV Fö/FO

Mehrzahlbildungen von Nomen kennen

1 Wie verändern sich die Nomen in der Mehrzahl? Was ist anders? Markiert und tauscht euch aus.

der Vogel – die Vögel | das Fenster – die Fenster | der Weg – die Wege

2 Ordne die Wortpaare den Mehrzahlbildungen zu.

a: Mehrzahl mit Umlaut: der Bruder – die Brüder, ...

____

____

b: Mehrzahl mit Umlaut und Anhang: der Turm – die Türme, ...

____

____

c: Mehrzahl nur mit Anhang: das Tor – die Tore, ...

____

____

d: Wort bleibt in Mehrzahl gleich: der Teller – die Teller, ...

____

____

3 Schreibe weitere Wörter zu den Mehrzahlbildungen aus Aufgabe 2.

Wortbausteine bei Nomen: -nis, -schaft, -tum

1 Wie könnt ihr die Nomen ordnen? Was ist gleich? Markiert in derselben Farbe.

die Wissenschaft — das Gefängnis — der Reichtum
das Ereignis — der Irrtum — die Botschaft

Wörter mit den Wortbausteinen **-nis, -schaft, -tum** sind Nomen.
Sie werden großgeschrieben: das Gefängnis, die Wirtschaft, der Reichtum.

2 Finde den Fehler in jedem Satz. Schreibe die Verbesserung auf.

Die Wohnung ist Mamas eigentum. das Eigentum

Vincent hat eine große erbschaft gemacht. ______

Wir haben die erlaubnis, ein Haustier zu halten. ______

Der Gartenteich ist Papas heiligtum. ______

In der finsternis leuchtet eine Straßenlaterne. ______

3 Bilde Nomen mit den Wortbaustenen -nis, -schaft und -tum. Schreibe sie auf.

Mann — hindern ✓ — reich — herrschen — verwandt — Freund
geheim — wachsen — wissen — Ritter — erleben — bereit — wild

-nis: Hindernis

-schaft: ______

-tum: ______

4 An welchen Wortbausteinen kannst du Nomen noch erkennen?
Schreibe Beispiele auf. Markiere den Wortbaustein.

______

______

Nomen erkennen und großschreiben N↑

1 Welche der Wörter sind Nomen? Schreibe sie mit einem Artikel (Begleiter) auf.

bunt	schule	begleitung	trinkst	mut	verständnis
ergebnis	glück	schlau	eigentum	schmal	zeugnis

____

____

2 Mache die Nomenprobe mit Adjektiv. Verbessere so:

Wir | haben | endlich | eine wohnung | gefunden |. eine neue Wohnung

Da | haben | wir | glück | gehabt |. ______________________________

Dort | gibt es | eine terrasse |. ______________________________

Ich | freue mich | auf mein zimmer |. ______________________________

Wir | haben | auch | nachbarn |. ______________________________

3 Finde die Nomen in den Sätzen.
Überprüfe sie mit der Mehrzahlprobe.
Verbessere wie im Beispiel.

Hast du schon den tollen garten gesehen? der Garten – die Gärten
Hast du schon den tollen Garten gesehen?

Dort hinten steht eine neue laterne. ______________________________

____

Gestern wurde ein altes haus abgerissen. ______________________________

____

Wir haben hier eine große wohnung gefunden. ______________________________

____

Gestern hat unser neuer nachbar geklingelt. ______________________________

____

Nomen erkennen und großschreiben N↑

1 Markiere die Nomen in den Sätzen.

In meiner neuen Wohnung ist ein toller Duft.

Bei der Planung des Hauses hat sich der Architekt tolle Gedanken gemacht.

Wir haben in dieser Siedlung zum Glück ein Haus gefunden.

2 Streiche die falsch geschriebenen Nomen durch. Schreibe sie verbessert auf.

wildnis bunt weltmeisterschaft gierig ergebnis hölzern altertum wild verständnis verwaltung gefährlich heiterkeit fröhlichkeit froh munter

die Wildnis, ____________________

____

____

3 Schreibe drei Sätze mit Nomen aus Aufgabe 2.

____

____

____

4 Welche Aussagen über Nomen sind richtig? Kreuze an.

- ◯ Nomen haben meistens einen Artikel (Begleiter).
- ◯ Nomen können in der einfachen Vergangenheit stehen.
- ◯ Vor einem Nomen kann ein Adjektiv stehen.
- ◯ Nomen können eine Mehrzahl haben.
- ◯ Nach einem Nomen steht immer ein Verb.

So kann ich eigene Fehlerwörter oder andere wichtige Wörter üben.

Mit der Profikarte+ Wörter üben

1

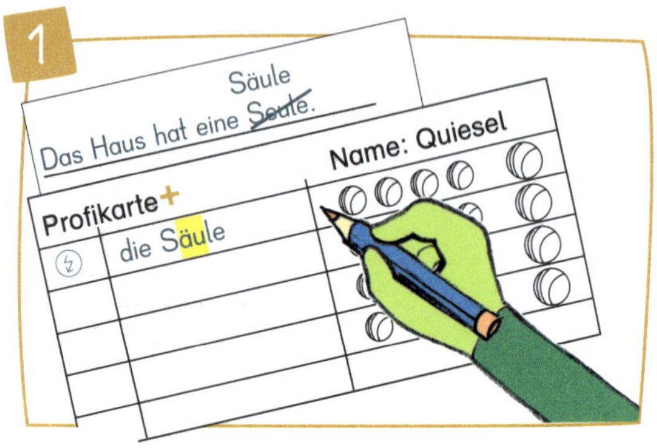

Mit der Profikarte+ kann ich eigene Fehlerwörter üben. Dazu trage ich die Wörter selbst fehlerlos in die Karte ein.

2

Mit der Profikarte+ kann ich auch andere wichtige Wörter üben. Ich trage sie auch zunächst selbst fehlerlos in die Karte ein.

3

Auch mit der Profikarte+ übe ich die Wörter dann regelmäßig.

1 Übe die Wörter mit der Profikarte+.

Etage Bewohnerin Stockwerk Fahrstuhl Balkon

- rechtschreibwichtige Wörter und individuelle Fehlerwörter normgerecht schreiben
- Übungsformen selbstständig nutzen

- KV: 164

Nomen mit -nis, -schaft, -tum

Nomen mit -nis, -schaft, -tum	
die	Bereit**schaft**
das	Eigen**tum**
das	Ereig**nis**
die	Erlaub**nis**
die	Freund**schaft**
das	Geheim**nis**
die	Gesell**schaft**
das	Hinder**nis**
der	Irr**tum**
die	Mann**schaft**
die	Verwandt**schaft**
das	Wachs**tum**

1 Alle Selbstlaute fehlen. Trage das passende Übungswort ein.

Vrwndtschft ______________________

Hndrns ______________________

Gsllschft ______________________

Brtschft ______________________

Wchstm ______________________

2 Setze die passenden Übungswörter in die Sätze ein.

Die Bewohner haben eine große B______________________,
sich zu helfen. Meinen Nachbarjungen und mich
verbindet eine tiefe F______________________.
Niemand weiß, wo unser Baumhaus steht.
Es ist ein G______________________.
Das Dorffest ist jedes Jahr ein tolles E______________________.
Bevor wir beginnen, müssen wir um E______________________ fragen.
Dass Wohnungen hier billig sind, ist ein I______________________.
Die hohe Hecke an unserem Haus ist ein H______________________ für Einbrecher.
Meine ganze V______________________ wohnt hier.

3 Setze diese **kleinen Wörter** in den Text ein:

hier jetzt vielleicht viele

______________________ will ich hier später auch wohnen. Ich kenne
schon ______________________ Leute, die ______________________ wohnen.
Aber ______________________ genieße ich unser interessantes Haus.

- Arbeitstechniken nutzen
- methodisch sinnvoll abschreiben
- Wörter des Grundwortschatzes

- KV: 15–17, 157–160
- KV Fö/FO

- RS: S. 3

Nomen mit -nis, -schaft, -tum

1 Übe die Wörter mit der Profikarte.

2 Markiere schwierige Stellen in den Übungswörtern. Du kannst auch passende Strategiezeichen eintragen.

3 Führt ein Rechtschreibgespräch zum Wort Erlebnis .

4 Markiere in dem Text die Übungswörter.

Profikarte 1			
	die Bereit**schaft**		
	das Eigen**tum**		
	das Ereig**nis**		
	die Erlaub**nis**		
	die Freund**schaft**		
	das Geheim**nis**		
	die Gesell**schaft**		
	das Hinder**nis**		
	der Irr**tum**		
	die Mann**schaft**		
	die Verwandt**schaft**		
	das Wachs**tum**		

Wo wir wohnen

Meine Schwester Mara und ich wohnen seit einiger Zeit in einer verrückten Siedlung. Bei jedem einzelnen Haus hatten die Architekten andere Ideen. Sie hatten die Erlaubnis bekommen, ganz auffällige Wohnungen und Häuser zu bauen. Ein Ereignis war der Bau des Hundehauses. Es ist das Eigentum des Bürgermeisters. Viele Zeitungen haben schon über die Besonderheiten dieses Gebäudes berichtet. Alle Einwohner der Siedlung haben eine hohe Bereitschaft, sich gegenseitig zu helfen. Es entstehen so viele neue Freundschaften. Vielleicht ist dies das Geheimnis, warum alle hier gerne wohnen.

Rechtschreibgespräch Heft B, S. 18

5 Schreibe den Text in deiner schönsten Schrift ab.

- Arbeitstechniken nutzen
- methodisch sinnvoll abschreiben
- Wörter des Grundwortschatzes

- KV: 15–17, 157–160
- KV Fö/FO

- RS: S. 3

Zeitformen bei Verben kennen

1 Wähle eine Aufgabe aus.

a Welche Verbformen gehören zusammen? Male sie in derselben Farbe an.

wohnen denken ich wohnte er dachte wir rannten lernen
er ist gefahren sie hat gelernt sie lernte fahren schlafen ich schlief rennen
er hat geschlafen er fuhr ich habe gewohnt er hat gedacht wir sind gerannt

b Ergänze die Tabelle.

Grundform (Infinitiv)	**Gegenwart (Präsens)**	**einfache Vergangenheit (Präteritum)**	**zusammengesetzte Vergangenheit (Perfekt)**
malen	ich		
lachen	du		
lernen	ihr		
legen	wir		
regnen	es		

c Ergänze die Verben im Präteritum.

backen: ich ______________________ schaffen: ich ______________________

befehlen: du ______________________ schieben: du ______________________

beginnen: wir ______________________ tragen: wir ______________________

stehlen: er ______________________ gehen: er ______________________

kneifen: er ______________________ blasen: er ______________________

wachsen: wir ______________________ reiten: wir ______________________

Ich kann die Zeitformen von Verben bilden. ☺ 😐

· grundlegende Fachbegriffe kennen: Verben
· Grundformen und Zeitformen kennen

Aufforderungsformen kennen

1 Wähle eine Aufgabe aus.

a Ordne die Verben den Aufforderungssätzen zu.

fahren ✓	gehen
laufen	essen
denken	lesen

Iss nicht so schnell! Denkt nochmal nach!
Lies nicht so lange. Fahre vorsichtig! ✓
Laufen Sie bitte auf einer Seite!
Geht langsam!

fahren – Fahre vorsichtig!
___
___

b Bilde die passenden Aufforderungsformen.

Schicke bitte deinen Brief noch heute ab! *(schicken)*
___ deine Hausaufgaben ordentlich! *(machen)*
___ bitte heute noch eure Zimmer auf! *(räumen)*
___ euch nicht! *(wundern)*
___ bitte deinen Kakao um! *(rühren)*

c Bilde mit diesen Verben Aufforderungssätze an eine Person.

geben nehmen helfen essen

___
___
___

Ich kann die Aufforderungsform richtig bilden. ☺ 😐

· Satzarten und Fachbegriffe kennen: Aufforderungsform (Imperativ)
· eigenen Lernerfolg reflektieren

Nomen mit -nis, -schaft, -tum, -ung, -heit, -keit NT

1 Wähle eine Aufgabe aus.

a Finde die Nomen und schreibe sie auf.

KLEIN	HALTUNG	SCHREIBT	WANDERSCHAFT	EILT
ANWEISUNG	GERITTEN	VERHÄLTNIS	GÜNSTIG	HEITERKEIT
BLASS	DACHTE	BRAUCHTUM	ERGEBNIS	ERKÄLTUNG

____

____

b Finde zu jedem Wortbaustein ein Nomen.

-nis -tum -schaft -heit -keit -ung

____

____

____

c Ergänze sinnvolle Nomen.

Elias hat eine neue ____________ung gemacht.

Die ____________ung des Rades ist

eine wichtige ____________schaft der Menschheit.

Die Fingerabdrücke wurden ihm zum ____________nis.

Bei der ____________schaft belegten sie den ersten Platz.

Seine Kunden schätzen seine ____________keit,

wenn sie den Laden betreten.

Auf ihre ____________ung hin werde ich das so machen.

Ich kenne Nomen mit besonderen Endungen. ☺ 😐

- Nomen mit den Wortbausteinen -ung, -heit, -keit, -nis, -schaft, -tum
- eigenen Lernerfolg reflektieren

Heldenhafte Superkräfte

1 Welche Fähigkeiten wünschen sich die Kinder als Superheldin oder Superheld? Erzählt.

2 Welche Fähigkeiten würdest du dir als Superheldin oder Superheld wünschen? Wie würdest du heißen? Schreibe auf.

Mein Name ist ______________________________

Ich kann ______________________________

____

____

3 Gestalte ein Plakat mit dir als Superheldin oder Superheld. Stelle dich vor.

- Beobachtungen wiedergeben
- eigene Interessen und Gefühle beschreiben, austauschen und präsentieren

Jemanden interviewen

1 Was ist an dem Interview schon gut gelungen?
Was sollte noch verbessert werden? Tauscht euch aus.

So führe ich ein Interview

1. Ich notiere mir vorher Fragen in einer sinnvollen Reihenfolge.
2. Zuerst begrüße ich die Person, die ich interviewen möchte.
3. Ich stelle immer nur einzelne Fragen.
4. Ich notiere mir die Antworten oder nehme das Interview auf.
5. Ich bedanke mich für das Interview.

2 Was könnte Tim die Superheldin Magic Mia noch fragen? Schreibe Fragen auf, mit denen man möglichst viele Informationen bekommen kann.

____

____

____

3 Interviewt euch gegenseitig als Superheldin oder Superheld.

- Interview planen und durchführen
- Zuhörstrategien nutzen
- gehörte Informationen notieren, strukturieren

- KV: 18
- KV Fö/FO

Figuren in Texten sprechen lassen

1 Warum verwendet man in Geschichten wörtliche Rede?
Tauscht euch aus.

2 Lies Idas Texte. An welchen Stellen hat sie ihren Text überarbeitet?
Markiere ihre Änderungen.

Vierbeiner in Not
Neulich rief mich mein Freund Max an. Er weiß, dass ich mit Tieren reden kann. In der Nachbarwohnung winselte seit zwei Tagen kläglich ein Hund.
„Ich komme vorbei und höre mal, was da los ist." „Danke, dieses Winseln ist wirklich furchtbar."
„Hi, hier bin ich."
Nun hörte ich auch dieses klägliche Geräusch. „Was ist denn nur los?"
„Ich habe schrecklichen Liebeskummer." …

Überarbeitung

Vierbeiner in Not
Neulich rief mich mein Freund Max an.
Er weiß, dass ich mit Tieren reden kann. In der Nachbarwohnung winselte seit zwei Tagen kläglich ein Hund.
Sofort bot ich Max an: „Ich komme vorbei und höre mal, was da los ist."
Max antwortete erleichtert: „Danke, dieses Winseln ist wirklich furchtbar."
Kurz darauf saß ich in Max Wohnung und hörte nun auch dieses klägliche Geräusch durch die Wand.
Also fragte ich den Hund in Hundesprache: „Was ist denn nur los?"
Da erwiderte der Vierbeiner jammernd: „Ich habe schrecklichen Liebeskummer." …

3 Schreibe auf, was Ida an ihrem Text verändert hat.

____

____

____

- Wirkung sprachlicher Mittel reflektieren
- wörtliche Rede mit Begleitsatz korrekt in Texten verwenden

- KV: 19
- KV Fö/FO

- 11

Figuren in Texten sprechen lassen

1 Lies die Fortsetzung der Geschichte von Seite 26.
Was fehlt an einigen Stellen?

… Der Hund erzählte mir, dass sein Herrchen
schon seit Tagen nicht mehr mit ihm bei seiner Lieblingshündin Rosi
vorbeispazieren würde. Grinsend übersetzte ich alles für Max.
Und dann überlegten wir, wie wir dem Tier helfen könnten.
Wir gingen zu Herrn Kraft.
„Meine Freundin kann mit Tieren reden.
Ihr Hund hat schrecklichen Liebeskummer,
weil sie nicht mehr mit ihm
bei seiner Lieblingshündin vorbeispazieren."
„Ich habe mich schon gewundert, was mit Fritzi los ist."
Und dann fragte Herr Kraft: „Wo wohnt denn diese Hündin?"
„Sie wohnt direkt neben dem Spielplatz mit der Seilbahn."
Herr Kraft bedankte sich herzlich bei mir.
Dann schnappte er sich sofort die Hundeleine
und brachte Fritzi zu seiner Rosi.
Und Fritzi und Rosi waren überglücklich,
sich wiederzusehen.

2 Schreibe den Text mit passenden Redebegleitsätzen auf.

Ich informierte Herrn Kraft: …   Max erklärte ihm: …   Herr Kraft antwortete: …

3 Plane und schreibe selbst eine Superheldengeschichte.

Checkliste: Eine Geschichte schreiben
- ◯ passende Überschrift
- ◯ Einleitung: Wer? Wann? Wo?
- ◯ Hauptteil: Was passiert? Wie geht es weiter?
- ◯ Schluss: Wie endet die Geschichte?
- ◯ wörtliche Rede mit passenden Redebegleitsätzen verwenden

Eine Schreibkonferenz durchführen

1 Die Kinder führen eine Schreibkonferenz durch.
Wie machen sie das? Beschreibt.

2 Lies die Geschichte.

X1
Der Spaziergang

Letztes Wochenende ging ich mit meinen Eltern
spatzieren. Auf einmal hören wir sehr aufgeregte R T
X2
Kinderstimmen in einem. Irgendetwas Schlimmes
musste passiert sein. Da fragte ein Mädchen ein
anderes: Wie sollen wir Fine da nur wider Z R
X3
runterkriegen?" „Ich habe absolut keine Ahnung.
Wir haben keine so lange Leiter."
Meine Eltern und ich gingen durch das Torbogen in SF
den Hinterhof. Nun sahen wir eine Katze ganz oben
im Baum. Sie miaute jämmerlich.
Keine Ahnung, wie sie da hingekommen war.

Verbesserungstipps:
X1: Versuche, eine spannendere Überschrift zu finden.
X2: Woher kommen die Stimmen?

Korrekturzeichen
R = Rechtschreibfehler
SF = Sprachfehler
T = Zeitfehler
Z = Zeichenfehler
X = anderer Fehler

3 Was bedeuten die Buchstaben am Rand der Zeilen?
Wie müssen die Fehler verbessert werden?

4 Schreibe einen Verbesserungstipp zu X3 auf.

X3: ____________________

____

5 Schreibe den Text verbessert auf.
Achte auf die Tipps und die Korrekturzeichen.

· Texte orthografisch und sprachlich prüfen, korrigieren und überarbeiten
· Fachbegriffe und Korrekturzeichen kennen

· KV: 22, 23, 161
· KV Fö/FO

Eine Schreibkonferenz durchführen

1 Lies die Fortsetzung der Geschichte.

> Jedenfalls miaute die Katze herzzerreißend.
>
> Das muste Fine sein. X4 R
>
> Im Hof stand auch ein Mülleimer.
>
> Mein Vater meint: „Hier kann uns leider auch nicht
>
> den Feuerwehr mit der Drehleiter helfen.“
>
> X5 „Die brauchen wir auch nicht.“
>
> Und schwups aktivierte ich meine neue superkraft
>
> und vergrößerte mich, bis ich so groß wie der Baum war.

2 Welche Korrekturzeichen passen zu den unterschlängelten Wörtern? Setze sie an den Zeilenrand. Und schreibe die Sätze verbessert auf.

Zeile 2, R: Das musste Fine sein. ______

______

______

3 Einige Stellen wurden mit X markiert. Schreibe dazu Verbesserungstipps auf.

X4: ______

X5: ______

4 Schreibe die Fortsetzung verbessert auf.

5 Führt Schreibkonferenzen zu euren Superheldengeschichten durch.

So können wir eine Schreibkonferenz durchführen:

1. Wir lesen den Text vor.
2. Wir geben Rückmeldungen.
3. Wir tragen Verbesserungstipps und Korrekturzeichen ein.
4. Wir überarbeiten unsere Texte.

Vorangestellte und nachgestellte Begleitsätze

1 Erklärt, wie man die wörtliche Rede in einem Text aufschreibt.
Verwendet diese Begriffe: Begleitsatz , wörtliche Rede , Anführungszeichen , Doppelpunkt .

Jakob fragt Luis: „Welche Superkraft hättest du gerne?“
Luis antwortet: „Ich würde gerne in die Zukunft sehen können.“
Jakob ruft: „Tolle Idee!“

2 Unterstreiche im Text von Aufgabe 1: Begleitsatz (blau), wörtliche Rede (grün), Doppelpunkt und Anführungszeichen (rot).

3 Lest das Gespräch. Vergleicht es mit dem Gespräch in Aufgabe 1. Was ist anders?

„Welche Superkraft hättest du gerne?“, fragt Jakob Luis.
„Ich würde gerne in die Zukunft sehen können“, antwortet Luis.
„Tolle Idee!“, ruft Jakob.

4 Unterstreiche im Text von Aufgabe 3: Begleitsatz (blau), wörtliche Rede (grün), Doppelpunkt und Anführungszeichen (rot).

5 Unterstreiche die Begleitsätze (blau) und die wörtliche Rede (grün).

Mache die Sprechblasenprobe.
Was in einer Sprechblase stehen kann, ist die wörtliche Rede.

„Welche Superkräfte wünscht ihr euch?“, fragt Frau Koch die Klasse 4a.
„Ich wünsche mir, dass ich Menschen ganz friedlich machen kann“, meint Anton. „Das ist ja eine tolle Superkraft!“, lobt Lale.
„Dann würde es gar keinen Streit mehr in der Pause geben“, ergänzt Tim. „Und welche Wünsche gibt es noch?“, will Frau Koch wissen.

Wörtliche Rede mit nachgestelltem Begleitsatz

1 Ergänze die Begleitsätze im Text.

Begleitsätze

will der Vater auch noch wissen — Lale zählt auf: — erzählt Lale
fragt Lales Vater — ruft Lale begeistert — Papa staunt:

Lale geht nun seit drei Wochen zur Superheldenschule.

„Wie gefällt dir deine neue Schule?“ ______________________________.

„Prima!“, ______________________________. „Und was lernt ihr so?“,

______________________________.

______________________________ „Wir haben schon Fliegen, Hellsehen, Durch-Wände-Gehen und Unsichtbar-Werden gelernt.“

______________________________ „All das in so kurzer Zeit?“

„Ja, und nächste Woche lernen wir Sich-Vergrößern, Mit-Tieren-Sprechen und Aus-Steinen-Gold-Machen“,

______________________________.

2 Ergänze passende Begleitsätze.

Lale kommt ganz aufgeregt aus der Superheldenschule.

„Emil, du kannst dir nicht vorstellen, was wir heute gelernt haben“,

ruft Lale aufgeregt ________.

„Erzähl schon!“, ______________________________.

„Wir haben gelernt, wie man Geniegetränke mixt“, ______________________________.

„Kannst du mir das Rezept verraten?“, ______________________________.

„Auf keinen Fall! Das ist geheim“, ______________________________.

„Gemein!“ ______________________________.

Satzzeichen bei nachgestelltem Begleitsatz

1 Wie werden die Satzzeichen bei nachgestellten Begleitsätzen gesetzt? Markiert und beschreibt.

„Tim, du kannst noch Gedanken lesen?“, fragt Pino.
„Ja, meine Superkraft ist noch da“, erwidert Tim.
„Super, du bist meine Rettung!“, freut sich Pino.

! Der Begleitsatz kann auch hinter der wörtlichen Rede stehen. Wenn der Begleitsatz hinter der wörtlichen Rede steht, werden die Satzzeichen so gesetzt:

„	Du machst dich unsichtbar		“	,	sagt Merve	.
„	Kannst du dich unsichtbar machen	?	“	,	fragt Merve	.
„	Toll, jetzt bist du unsichtbar	!	“	,	ruft Merve	.

2 In diesem Gespräch fehlen fast alle Satzzeichen.
Ergänze die Satzzeichen im Text. Unterstreiche die Begleitsätze (blau).

Du musst für mich herausfinden, was in der Mathearbeit drankommt fleht Pino.
Wie soll ich das herausfinden fragt Tim neugierig.
Du könntest Herrn Zimmers Gedanken ausspionieren antwortet Pino.
Das ist jetzt nicht dein Ernst ruft Tim.

3 Schreibe das Gespräch von Tim und Pino weiter.
Denke an die Begleitsätze und alle Satzzeichen.

____

____

____

____

____

____

Satzzeichen bei nachgestelltem Begleitsatz

1 Ergänze die fehlenden Satzzeichen.

Nächste Woche feiere ich meinen Geburtstag erzählt Onur.
Wird es ein Motto geben fragt Lucy.
Ja, es wird eine Superheldenparty erklärt Onur.
Wie cool ruft Lucy erfreut.

2 Schreibe die Sätze mit nachgestelltem Begleitsatz auf. Denke an alle Satzzeichen.

Lucy fragt: „Was wünschst du dir zum Geburtstag?"

„Was wünschst

Onur antwortet: „Ich wünsche mir eine echte magische Kraft."

Lucy lacht: „Rede keinen Unsinn!"

Onur erwidert: „Das meine ich total ernst."

Wörter mit dem Wortstamm END

1 Welcher Wortbaustein kommt in allen Wörtern vor?
An welches Wort erinnert dich dieser Wortbaustein?

Endspiel	Endstation
unendlich	Endspurt

2 Welche Wörter gehören zur Wortfamilie END? Schreibe sie auf.
Markiere den Wortstamm END.

Endspiel	Erdkugel	unendlich	Endstation	endlos	Erfahrung
Ententeich	endlich	Energie	empfindlich	Endergebnis	Filmende
Endspurt	Endstück	ehrlich	Endbahnhof	endgültig	Enkel

Endspiel, ____________________

3 Verbinde die Wörter mit ihren Erklärungen.
Markiere den Wortbaustein END.

Endspiel	die letzte Station des Zuges
Endstation	wenn etwas nie zu Ende ist
unendlich	der letzte Teil eines Wettrennens
Endspurt	das letzte Spiel in einem Turnier

4 Warum werden diese Wörter nicht mit dem Wortbaustein END geschrieben?
Tauscht euch aus.

entdecken Entfernung entscheiden Entschuldigung

· Rechtschreibstrategien anwenden: mit Wortbausteinen arbeiten (Wortstamm END)

· KV: 27
· KV Fö/FO
·

· RS: S. 12
· 16, 18

Komma bei Aufzählungen

1 Was ist anders? Vergleicht die Sätze.

Superhirn und Schnelldenker und Gedankenleser und Unsichtbarius und Tierversteher sind Superheldennamen.

Superhirn, Schnelldenker, Gedankenleser, Unsichtbarius und Tierversteher sind Superheldennamen.

Zwischen Wörtern, mit denen man etwas aufzählt, setzt man Kommas:
Zum Superheldenfest lädt Lola zwei Freundinnen, drei Freunde, ihren Bruder und Quiesel ein.
Der Superheld kann gut schwimmen, tauchen, fliegen und klettern.
Die große, starke, mutige und sportliche Superheldin fliegt davon.
Das Komma kann durch ein **und** ersetzt werden.

2 Setze die fehlenden Kommas in den Sätzen.

Zu Leos Superheldengeburtstag kommen Alma Niki Rahel Ilkay und Ali.
Die Kinder schenken ihm ein Laserschwert ein Superheldenbuch
ein Puzzle ein Spiel und Zauberstifte.
Auf der Party wird gegessen getrunken gespielt gebastelt und getanzt.
Leos Eltern seine Tante Oma und Opa führen
eine lustige spannende und abwechslungsreiche Superheldenshow auf.

3 Schreibe zu diesen Satzanfängen selbst Aufzählungen.

Ich esse gerne ______________________________

____

Ich kann gut ______________________________

____

Der Superhund ist ______________________________

____

Texte mit Korrekturzeichen überarbeiten

So kann ich verschiedene Fehler besser kennzeichnen.

1

Gestern war ich in die Superheldenschule SF Z

Die rektorin begrüßte alle neuen Kinder in der aula. R R

Dabei ging sie nicht zu Fuß zu Rednerpult, sondern SF

kommt geflogen. Und sie konnte noch viel mer . T R

R = Rechtschreibfehler
SF = Sprachfehler
T = Zeitfehler
Z = Zeichenfehler
X = anderer Fehler

Wir besprechen den Text. Wir markieren Fehler und schreiben Korrekturzeichen an den Rand.

2

Ich schaue mir alle markierten Stellen an. Ich überlege, wie ich die Fehler verbessern muss.

3

Ich verbessere den Text Satz für Satz.

1 Schreibe auf, was zusammengehört: R = Rechtschreibfehler – ~~auto~~ – Auto

SF Zeitfehler T Rechtschreibfehler Sprachfehler Zeichenfehler R Z

Sie fährt mit dem auto. Er fährt mit Auto. Gestern rennt er. Zu meiner Party kommen Susi Claudius und Merve.

____

____

____

- Texte orthografisch und sprachlich prüfen, korrigieren und überarbeiten
- Fachbegriffe und Korrekturzeichen kennen

- KV: 22, 161
- KV Fö/FO

Wörter mit dem Wortstamm END

1 Streiche in jedem Satz das falsche Wort durch.
Schreibe das richtige Übungswort darüber.

Endstation

Paul muss an der ~~Tulpe~~ aussteigen.

____

Die Schlange vor dem Kino war würzig lange.

____

Ich muss noch meine Hausaufgaben stricken.

____

Wörter mit der Farbe -heit sind Nomen.

____

Das Auto der Rechenaufgabe ist leider falsch.

____

Nun bist du hellblau wieder gesund.

____

Durch die Hilfe der Superheldin regnet es durstig wieder.

W

Wörter mit dem Wortstamm END

- be**end**en
- das **End**e
- das **End**ergebnis
- der **End**lauf
- **end**lich
- **end**los
- die **End**note
- der **End**punkt
- das **End**spiel
- die **End**station
- die **End**ung
- un**end**lich

2 Setze diese **kleinen Wörter** in den Text ein: sonst alle vor mit

Fantastic Fabian kann Metalle _______________ bloßen Blicken verbiegen.
Das kann _______________ niemand außer ihm.
Trotzdem hat er Angst _______________ dem großen Wettkampf.
Er will so gerne _______________ von seiner Superkraft überzeugen.

3 Schreibe Sätze mit den **kleinen Wörtern** von Aufgabe 2.

Wörter mit dem Wortstamm END

1 Übe die Wörter mit der Profikarte.

2 Markiere schwierige Stellen in den Übungswörtern. Du kannst auch passende Strategiezeichen eintragen.

3 Schreibt je fünf Sätze mit Übungswörtern. Korrigiert eure Sätze gegenseitig. Verwendet Korrekturzeichen.

4 Führt ein Rechtschreibgespräch zu dem Wort Endstück.

5 Markiere die Übungswörter in dem Text.

Profikarte 2			
	beenden		
	das Ende		
	das Endergebnis		
	der Endlauf		
	endlich		
	endlos		
	die Endnote		
	der Endpunkt		
	das Endspiel		
	die Endstation		
	die Endung		
	unendlich		

Der Wettkampf

Unendlich lange hat Fantastic Fabian auf den Wettkampf der Superheldinnen und Superhelden gewartet. Heute kann er allen seine Superheldenkräfte zeigen. Bestimmt kann niemand sonst Metalle mit bloßen Blicken verbiegen.

Vor der Wettkampfhalle wartet schon eine endlos lange Schlange. Wären doch nur endlich seine Eltern da. Mit ihrer Unterstützung im Zuschauerraum bekommt er bestimmt eine gute Endnote von der Jury.

Nach endlos langen Minuten sieht er sie in der Menge. Nun kann der Wettkampf beginnen. Die ersten Runden schafft Fabian mühelos. Doch, oh Schreck, in der Endrunde wartet Power Pia auf ihn.

6 Schreibe den Text in deiner schönsten Schrift ab.

- Lern- und Arbeitstechniken nutzen
- methodisch sinnvoll abschreiben
- Wörter des Grundwortschatzes

- KV: 29–31, 157–160
- KV Fö/FO

- RS: S. 3

Zeichensetzung bei der wörtlichen Rede

1 Wähle eine Aufgabe aus.

a Unterstreiche die wörtliche Rede (grün) und die Begleitsätze (blau).

„Unser Theaterstück wird von Superkräften handeln“, erklärt Frau Klein.
„Wie cool!“, ruft Lasse erfreut.
„Darf ich die Hauptrolle spielen?“, fragt Sina aufgeregt.
„Das entscheiden wir später“, erklärt die Lehrerin.

b Unterstreiche die wörtliche Rede (grün) und die Begleitsätze (blau).
Ergänze die fehlenden Satzzeichen.

Wann werden wir das Theaterstück über Superkräfte aufführen
will Sina wissen. Das machen wir erst im Januar oder Februar
erklärt Frau Klein den Kindern.
So spät erst ruft Leo entsetzt. Frau Klein ergänzt noch
Wir können es euren Eltern dann auf dem Winterfest vorführen.
Das ist doch eine gute Idee meint Lasse.

c Ergänze die fehlenden Satzzeichen und schreibe das Gespräch weiter.
Benutze vorangestellte und nachgestellte Begleitsätze.

Wie findest du Frau Kleins Idee mit einem Theaterstück über Superkräfte
fragt Lucy Calvin. Calvin antwortet Ganz schrecklich

Ich kann die Zeichen bei wörtlicher Rede richtig setzen.

- Zeichensetzung bei wörtlicher Rede
- eigenen Lernerfolg reflektieren

Kommas bei Aufzählungen

1 Wähle eine Aufgabe aus.

a Schreibe die Sätze ab. Ersetze die markierten Wörter durch Kommas.

Superhelden haben oft besondere Kräfte
und Fähigkeiten und Begabungen und Ideen.

Nele trifft sich heute mit Sina und Meltem
und Klara und anderen Freundinnen im Superheldinnenclub.

b Ergänze die Kommas bei den Aufzählungen.

Für mein Superheldenkostüm brauche ich eine Maske
einen Umhang einen Gürtel und Stiefel.

Bei unserem Superheldenprojekt haben wir Geschichten
geschrieben Kostüme entworfen und Fotos gemacht.

Die schlaue schnelle ideenreiche und großartige
Superheldin hat schon viel erlebt.

c Schreibe selbst Sätze mit Aufzählungen.
Du kannst die Satzanfänge benutzen oder dir eigene ausdenken.

Mit meiner Superheldenbrille kann ich ...

Superheld Sebastian ist ...

In der Superheldenschule lernt man ...

Ich kann Kommas bei Aufzählungen richtig setzen.

Wörter mit dem Wortstamm END

1 Wähle eine Aufgabe aus.

a Lies die Wörter. Markiere den Wortstamm END.

Endstation	Endnote	unendlich	Endergebnis	beenden
Wortende	Endhaltestelle	Endspurt	endlos	Jahresende
Wochenendausflug	Endstück	vollendet		

b Bilde Sätze mit den Wörtern. Markiere den Wortstamm END.

unendlich Endstation Endspurt endlos Wochenendausflug

c Warum schreibt man entwickeln mit **t** und nicht mit **d**?
Erkläre und finde weitere Beispiele mit ENT.

Ich kann Wörter mit dem Wortstamm END richtig schreiben.

· Rechtschreibstrategien anwenden: mit Wortbausteinen arbeiten (Wortstamm END)

1 Was entdeckt ihr auf dem Bild? Beschreibt.

2 Erkläre das Wort programmieren.

____

____

3 Wie üben die Kinder das Programmieren?

____

____

4 Wo findet ihr programmierte Geräte in eurem Alltag? Tauscht euch aus.

- funktionsangemessen sprechen: genau beschreiben, erklären
- persönliche Erfahrungen einbringen

- KV: 32, 33
- KV Fö/FO

Zielführend sprechen

1 Erklärt, wie das Spiel **Roboter und Programmierer** funktioniert.

2 Wie muss die Programmiererin in dem Spiel sprechen, damit der Roboter die Anweisungen ausführen kann?

Die Programmiererin muss darauf achten, dass …   Die Anweisungen müssen …

____

____

____

____

3 Spielt das Spiel **Roboter und Programmierer**. Plant Wege für den Roboter. Ihr könnt für die Befehle auch Symbole nutzen.

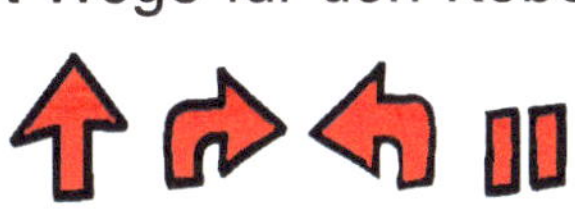

- spielerisch algorithmische Sequenz planen, programmierende Sprechweise anwenden
- Problemlösen und Modellieren

- KV: 34
- KV Fö/FO

Einen Algorithmus kennenlernen

1 Ordnet die Bilder in einer passenden Reihenfolge. Nummeriert.
Begründet eure Entscheidung.

Milch eingießen

2 Vergleicht die beiden Texte zur Aufgabe **Milch eingießen**.
Wie unterscheiden sie sich?

Aufgabe: Milch eingießen

Anweisungen für einen Menschen:
- Gieße ein Glas Milch ein.

Algorithmus für eine Maschine:
- Öffne die Schranktür.
- Nimm ein Glas.
- Öffne die Kühlschranktür.
- Nimm die Milchflasche.
- Öffne die Milchflasche.
- Gieße 150 ml Milch in das Glas.

Algorithmen sind Schritt-für-Schritt-Anweisungen für Maschinen zur Lösung von Aufgaben oder Problemen. Es gibt auch Algorithmen, die dafür sorgen, dass Computer oder Maschinen Dinge für uns erledigen.

3 Warum muss die Anweisung für eine Maschine so ausführlich sein? Erkläre.

____

____

____

· algorithmische Muster und Strukturen erkennen, nachvollziehen und reflektieren
· Problemlösen, Modellieren

· KV: 35
· KV Fö/FO

· 20

Einen Algorithmus schreiben und überarbeiten

1 Lea hat einen Algorithmus zur Aufgabe **Stifte anspitzen** geschrieben.
Führt ihren Algorithmus Schritt für Schritt durch.
Was fällt euch auf?

- Öffne das Stiftemäppchen.
- Nimm einen Anspitzer in die andere Hand.
- Stecke den Stift in das Loch des Anspitzers.
- Nimm einen Stift in die Hand.
- Drehe den Stift und den Anspitzer in entgegengesetzte Richtungen.
- Ziehe den Stift heraus.
- Nun wäre es ganz nett, wenn du überprüfen würdest, ob die Mine spitz ist.
- Lege den Stift wieder in das Stiftemäppchen.
- Nimm einen neuen Stift.

2 Überprüft den Algorithmus mit der Checkliste.
Markiert im Text von Aufgabe 1, an welchen Stellen er überarbeitet werden muss.
Ihr könnt diese Abkürzungen verwenden:

A = Aufgabe
RF = Reihenfolge
AF = Aufforderungsform

Checkliste: Einen Algorithmus schreiben
- ◯ Meine Anweisungen lösen eine Aufgabe.
- ◯ Ich schreibe die Anweisungen genau und Schritt für Schritt.
- ◯ Ich beachte die Reihenfolge.
- ◯ Ich verwende die **Aufforderungsform** (Imperativ).

3 Schreibe den Algorithmus verbessert auf.

4 Denke dir selbst eine Aufgabe aus.
Schreibe einen Algorithmus für diese Aufgabe.

Ein Projekt planen und durchführen: Einen Film über unsere Schule drehen

1 Was ist wichtig, wenn man einen Film dreht? Beschreibt die einzelnen Schritte.

Schritt 1: Wir klären unser Ziel.

a: Für wen drehen wir den Film?
b: Was wollen wir damit erreichen?
c: Was soll in dem Film vorkommen?

a: für alle, die sich für unsere Schule interessieren
b: Wir wollen zeigen, wie wir uns auf den Weg zur klimaneutralen Schule machen.
c: Schulessen, Walking Bus, Klima-AG

Schritt 2: Wir bereiten den Dreh vor.

- Checkliste (MOSE!) **für jede Szene** ausfüllen und prüfen, ob wir unsere Ideen umsetzen können
- die Szenen an Kleingruppen verteilen

Szene 1 Schulessen – Checkliste: MOSE

Menschen: Chefköchin	• Alle sind einverstanden, dass sie gefilmt werden.
Ort: Mensa	• Wir dürfen dort filmen. Man kann dort filmen (Helligkeit, Raumgröße).
Sachen: Schulessen	• Alle Sachen sind vorhanden.
Ereignis: Veggie-Tag	• Datum, Zeitpunkt und Dauer stehen fest.

Schritt 3: Wir erstellen das Drehbuch mit der 5-Shot-Technik.

Jede Kameraeinstellung in einem Foto festhalten:

1. **Was?:** Zeige und sage, worum es geht!
2. **Wer?:** Zeige die Personen!
3. **Wo?:** Zeige den Ort!
4. **Wie?:** Zeige eine typische Situation!
5. **Wow!:** Zeige etwas Besonderes!

Zu jedem Kamerabild einen Sprechtext schreiben:
- verständlich und ansprechend
- möglichst kurz

Drehbuch für Szene 1: Schulessen

Kamera-einstellung:	Sprechtext
Was?	Wir wollen klimaneutrale Schule werden. Deswegen findet zum Beispiel jeden Donnerstag ein Veggie-Day statt.
Wer?	Chefköchin der Mensa
Wo?	
Wie?	
Wow!	

· Bedienen, Anwenden, Informieren, Recherchieren, Kommunizieren, Kooperieren, Analysieren, Produzieren, Präsentieren

· KV: 37, 38, 39

Schritt 4: **Wir verteilen die Aufgaben und legen das Material bereit.**

- Aufgaben verteilen (Kamera, Mikrofon, Regie, Sprecher/in)
- Kamera und Mikrofon testen und bereitlegen
- Drehbuch bereitlegen und Sprechtext üben

Schritt 5: **Wir drehen die einzelnen Szenen.**

- Hintergrundgeräusche vermeiden
- nach jeder Kameraeinstellung (5-Shot-Technik) Aufnahme kurz stoppen
- an alle Punkte von Schritt 3 denken

Schritt 6: **Wir bearbeiten und veröffentlichen unseren Film.**

- Videoprogramm nutzen
- Film veröffentlichen (z. B. auf der Homepage der Schule)

2 Dreht selbst einen Imagefilm für eure Schule.

So können wir einen Film über unsere Schule **drehen**:
1. Wir klären unser Ziel.
2. Wir bereiten den Dreh vor. (MOSE!)
3. Wir erstellen das Drehbuch mit der 5-Shot-Technik.
4. Wir verteilen die Aufgaben und legen das Material bereit.
5. Wir drehen die einzelnen Szenen.
6. Wir bearbeiten und veröffentlichen unseren Film.

Wortfelder kennen und nutzen

1 Wie kann man es genauer oder abwechslungsreicher sagen?
Setze passende Verben aus dem Wortfeld machen in den Text ein.

bearbeiten ✓ durchführen erledigen bereiten ausführen organisieren

Beim Projekttag **Programmieren** machen bearbeiten __________ Klara und ich zuerst die Aufgaben an Station 5. Als programmierter Roboter muss Klara meine Anweisungen machen __________.
Sie macht __________ das ohne Probleme.
Timo und Erdem macht __________ es großen Spaß, Quiesel zu programmieren!

2 Ordne die Adjektive den beiden Wortfeldern schön und nett zu. Markiere.

bezaubernd schick sympathisch prächtig attraktiv freundlich
lieb herzlich hübsch höflich hilfsbereit gutaussehend

3 Schreibe die Sätze mit passenderen Adjektiven auf.

Julian hilft mir. Er ist sehr nett.
Tina sieht in ihrem Kleid nett aus.
Zu älteren Menschen sollte man nett sein.
Die Rosen blühen besonders nett.

____

____

____

____

Wortfelder kennen und nutzen

1 Welche Adjektive möchtest du ersetzen? Markiere.

Alles gut

Gestern haben wir einen guten Ausflug in das Medienzentrum gemacht.
Schon der Busfahrer war echt gut und hat uns immer wieder gute Witze erzählt.
Nach einer sehr guten Begrüßung und einem guten Rundgang
durch die verschiedenen Räume, haben wir uns gemeinsam ein gutes
Bilderbuchkino angeschaut. Anschließend gab es in der Mensa gutes Essen.

2 Schreibe den Text aus Aufgabe 1 verbessert auf.
Du kannst diese Adjektive verwenden:

spannend nett toll lecker schön hervorragend
gelungen lustig interessant freundlich

3 Was wisst ihr jetzt über Wortfelder?
Mit Wörtern aus einem Wortfeld kann ich … Ich weiß jetzt, dass …
Wortfelder helfen … Zu Wortfeldern gehören …

Pronomen kennen und verwenden

1 Was erfahrt ihr durch die markierten Pronomen?

Das ist unser Roboter. Wir haben ihn aus meinem Computer und deinem Staubsauger gebaut. Er kann sogar seine Augen bewegen.

> **!** Es gibt Pronomen, die sagen, wem etwas gehört:
> mein, dein, sein, ihr, unser, euer, ihr ...
> Man nennt sie **besitzanzeigende Pronomen**.

2 Ergänze die passenden Pronomen.

Ich habe einen Roboter.	Das ist mein ______ Roboter.
Du hast ein Tablet.	Das ist ______ Tablet.
Er hat eine Kamera.	Das ist ______ Kamera.
Sie hat einen Stift.	Das ist ______ Stift.
Wir haben eine Zeitschrift.	Das ist ______ Zeitschrift.
Ihr habt einen Comic.	Das ist ______ Comic.
Sie haben ein Buch.	Das ist ______ Buch.

3 Würfele fünfmal. Schreibe mit jedem gewürfelten Pronomen einen Satz.

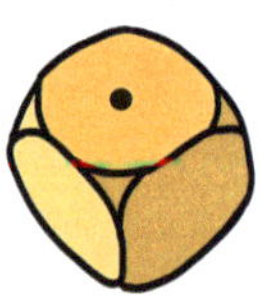 mein

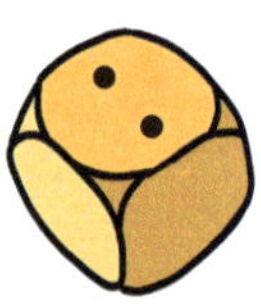 dein

 seine

 unser

 euer

 ihre

· Begründungen und Erklärungen geben
· Fachbegriffe: besitzanzeigende Pronomen
· sprachliche Mittel nutzen und erklären

· KV: 43
· KV Fö/FO

· 23

Pronomen kennen und verwenden

1 Setze die passenden Pronomen ein.

ihm ✓ wir uns ihnen dir ihr euch mir

Peter besitzt einen Computer. Er gehört ihm ________.
Mama besitzt einen Computer. Er gehört ________.
Ich besitze einen Computer. Er gehört ________.
Du besitzt einen Computer. Er gehört ________.
Wir besitzen einen Computer. Er gehört ________.
Ihr besitzt einen Computer. Er gehört ________.
Die Kinder besitzen einen Computer. Er gehört ________.

2 Ergänze die fehlenden Pronomen in den Sätzen.

Ich habe ________ Handy verloren.
Wenn du nicht lernst,
werden ________ Noten nicht besser.
Der Mähroboter fährt automatisch
an ________ Ladestation.
In ________ Projektwoche haben wir viel gelernt.
Maia hat ________ eigenen Quiesel programmiert.

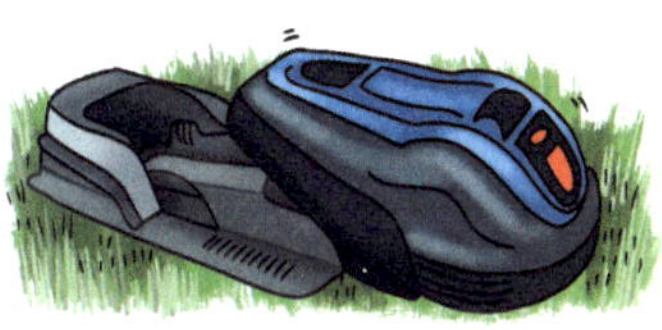

3 Welcher Satz ist richtig?
Findet eine Erklärung.

Das Kind sucht seinen Schlüssel.

Das Kind sucht ihren Schlüssel.

Nomen und Adjektive verlängern

1 Ergänze die passenden Wörter.

hören Verlängern Vergleichsstufe Nomen Zusammengesetzte

Diese Rechtschreibstrategie heißt ______________________.

Durch das Verlängern der Wörter kann man die schwierige Stelle

besser ______________________.

Ich verlängere ______________________ indem ich die Mehrzahl bilde.

______________________ Wörter muss ich vor dem Verlängern

zerlegen. Viele Adjektive kann ich verlängern, indem ich die erste

______________________ bilde.

2 Wie müssen die Wörter verlängert werden?
Verlängere. Markiere den richtigen Buchstaben.

Zu$^{g}_{k}$	Züge	Ber$^{g}_{k}$	______________
Kor$^{p}_{b}$	______________	Ty$^{p}_{b}$	______________
wil$^{d}_{t}$	______________	bun$^{t}_{d}$	______________
Sta$^{b}_{p}$mixer	______________	Bur$^{g}_{k}$turm	______________
bran$^{d}_{t}$neu	______________	Lan$^{d}_{t}$karte	______________

3 Verlängere die Wörter im Kopf. Ergänze den richtigen Buchstaben.

Der Bil______schirm meines Computers ist schon sehr al______.

Das Gehäuse ist etwas gel______lich.

In einem Mona______ habe ich Geburtsta______ .

Ich hoffe, dass ich ein neues Gerä______ bekomme,

wenn ich jeden Ta______ mit dem Hun______ in den Wal______ gehe.

· Rechtschreibstrategie anwenden: Nomen und Adjektive verlängern

· KV: 44
· KV Fö/FO
·

· RS: S. 9
· 25, 26

Verben verlängern

1 Die markierten Wörter müssen verbessert werden.
Wie kann man hier verlängern? Erklärt.

> Der kleine Roboter ist fast wie ein echter Mensch! Er schreipt, er sprinkt, er singt, er piebt und er trinkt sogar! Kurzzeitig dachte ich auch, dass er etwas gesakt hat. Ich glaube er hat gefrakt, ob ich ihm noch zeigen könnte, wie man fliekt.

Du kannst Verben verlängern, indem du die Grundform bildest:
geben – es gibt

2 Schreibe die Verben mit ihrer Verlängerung auf.

er glau b/~~p~~ t ✓	er to b/p t	es stin g/k t	er mer g/k t	sie klin g/k t
es zei g/k t	er hu b/p t	es fän g/k t	er trä g/k t	sie grä b/p t
er schrei b/p t	sie sprin g/k t	es pie b/p t	er sa g/k t	sie fra g/k t

glauben – er glaubt,

3 Schreibe den Text aus Aufgabe 1 verbessert auf.

4 Welche Verlängerung hilft dir, die Wörter richtig zu schreiben?

Sau____roboter ____________ Mer____wort ____________

Schrei____block ____________ Bra____wurst ____________

Satz der Woche

1

Der flinke Vogel fliegt
über den Berg.

Wir lesen den Satz der Woche.
Wir erklären, was der Satz bedeutet.

2

Montag:

Der flinke Vogel fliegt
über den Berg.

Wir markieren schwierige Stellen.
Wir schreiben passende Strategiezeichen dazu.

3

Dienstag

Wörter mit g am Ende:
Berg, Burg, Tag, klug
Wörter mit langem ie:
fliegen, Biene …

Wir finden für jedes Wort drei weitere Wörter mit der gleichen schwierigen Stelle.

4

Mittwoch

Der flinke Vogel fliegt
über den Berg.

Wir bestimmen von möglichst vielen Wörtern die Wortart.

5

Donnerstag

Über den Berg fliegt der flinke Vogel.
Fliegt der flinke Vogel über den Berg?

Wir stellen den Satz um und bestimmen die Satzglieder.

6

Freitag

Einfache Vergangenheit:
Der flinke Vogel flog über den Berg.
Zusammengesetzte Vergangenheit: …

Wir schreiben den Satz in verschiedenen Zeitformen auf.

1 Untersucht den Satz als **Satz der Woche**.

Im großen Garten steht ein Apfelbaum.

· sprachliche Mittel und Rechtschreibung strategisch analysieren
· Übungsformen selbstständig nutzen

· KV: 45

Wörter mit -b/-p, -d/-t, -g/-k

Wörter mit -b/-p, -d/-t, -g/-k

- der Abschie**d**
- al**t**
- bemer**k**en
- der Bil**d**schirm
- bran**d**neu
- klu**g**
- lo**b**en
- der Sau**g**roboter
- schen**k**en
- der Ta**g**
- tau**b**
- die Wel**t**

1 Welche Übungswörter verstecken sich hier? Schreibe sie richtig auf.

nhkecesn ____________________

ooeSbargtur ____________________

dBrimihlcs ____________________

benrkeem ____________________

Asiehbcd ____________________

rbenduna ____________________

Wtle ____________________

2 Finde in jedem Satz das Fehlerwort. Streiche es durch. Schreibe das verwandte Übungswort dahinter.

Jeden ~~Sonntak~~ holen wir frische Brötchen. Tag ____________________

Meine Tante hat Ole ein eigenes Handy geschengt. ____________________

Der neue Roboter saukt das ganze Haus. ____________________

Wir wurden für unseren Schulfilm gelopt. ____________________

Mein Papa ist einfach der Klükste! ____________________

3 Setze diese **kleinen Wörter** in den Text ein:

beinahe eigenes ewig nun wahr

Auf diesen Tag habe ich ____________ gewartet!

Ich wäre ____________ verrückt geworden!

Doch ____________ ist mein Traum ____________ geworden:

Ich habe ein ____________ Handy!

Wörter mit -b/-p, -d/-t, -g/-k

1 Übe die Wörter mit der Profikarte.

2 Untersucht den Satz als Satz der Woche.

In naher Zukunft gibt es
in den Schulen bestimmt
für alle Kinder einen Computer.

3 Führt ein Rechtschreibgespräch zu dem Wort Plakatwerbung .

4 Markiere in dem Text die Übungswörter.

Profikarte 3			
	der Abschie**d**		
	al**t**		
	bemer**k**en		
	der Bil**d**schirm		
	bran**d**neu		
	klu**g**		
	lo**b**en		
	der Sau**g**roboter		
	schen**k**en		
	der Ta**g**		
	tau**b**		
	die Wel**t**		

Der Medienheld
Vor zwei Tagen besuchte uns mein Uropa.
Als er mein Zimmer betrat,
lobte er mich für meinen sauberen Teppich.
Unauffällig stellte ich mich vor unseren Saugroboter.
Natürlich bemerkte er es und zwinkerte mir zu.
Papa hat mir schon viele Geschichten von Uropa erzählt.
Uropa ist ein sehr kluger Mann.
Früher entwickelte er auf einem einfachen Computerbildschirm
die ersten richtigen Videospiele der Welt.
Uropa mag inzwischen alt und taub sein,
aber altmodisch ist er sicher nicht.
Zum Abschied schenkte er mir sogar eine brandneue App
für mein Tablet. Für mich ist Uropa ein wahrer Medienheld!

5 Schreibe den Text in deiner schönsten Schrift ab.

- Arbeitstechniken nutzen
- methodisch sinnvoll abschreiben
- Wörter des Grundwortschatzes

- KV: 46–48, 157–160
- KV Fö/FO

- RS: S. 3, 9

Wortfelder kennen und nutzen

1 Wähle eine Aufgabe aus.

a Welche Wörter gehören zum Wortfeld **super**? Markiere sie.

fantastisch	schrecklich		grausam	fabelhaft
wunderbar	widerlich		wundervoll	ausgezeichnet
unangenehm	grässlich	großartig	blendend	herrlich
hervorragend	fürchterlich		prächtig	miserabel

b Setze passendere Verben aus dem Wortfeld **mögen** ein.

bewundern   lieben   schätzen   gefallen   bevorzugen   verehren

Das frisch vermählte Ehepaar (**mag**) ____________________ sich von ganzem Herzen.

Meine Oma (**mag**) ____________________ Tee zu ihrer Torte.

Ich (**mag**) ____________________ Leute, die jeden Tag Sport treiben.

Clara (**mag**) ____________________ die neuen Kopfhörer ganz besonders.

Der neue Superstar wird von allen Mädchen (**gemocht**)

____________________.

Frau Fischer (**mag**) ____________________ gutes Essen.

c Schreibe einen kurzen Text mit den Wörtern aus dem Wortfeld **glücklich**.

fröhlich   begeistert   heiter   zufrieden   vergnügt

Ich kann verschiedene Wörter aus einem Wortfeld verwenden.

Pronomen verwenden

1 Wähle eine Aufgabe aus.

a Markiere alle besitzanzeigenden Pronomen.

Meinem Bruder Ben ist gestern auf seinem Weg zu unserer Stadtbücherei etwas Verrücktes passiert! Gerade, als er sein Fahrrad aus unserer Garage holen wollte, fiel ihm eine Zeitschrift seines Freundes aus der Tasche.
Die Zeitschrift fing an, sich zu bewegen und flatterte hastig mit ihren Seiten. Ben traute seinen Augen nicht!

mein meine meinem
unserer unseres
dein deiner eures
seinen seines sein
ihres seinem ✓ ihren

b Bilde mit jedem Pronomen einen Satz.

ihr ihre ihres ihrer ihren ihrem

c Schreibe drei Sätze. In jedem Satz sollen mindestens zwei besitzanzeigende Pronomen vorkommen. Zum Beispiel: Mein Vater hat deine Socken in seiner Waschmaschine gewaschen.

Ich kann besitzanzeigende Pronomen richtig verwenden.

· Fachbegriffe: besitzanzeigende Pronomen
· sprachliche Mittel nutzen und erklären
· eigenen Lernerfolg reflektieren

· KV Fö/FO

Wörter mit -b/-p, -d/-t, -g/-k richtig schreiben

1 Wähle eine Aufgabe aus.

a Welche Verlängerung hilft dir? Verbinde. Trage den richtigen Buchstaben ein.

zar___	en___	schlan___	er rei___t	sie pie___t	es den___t
denken	reiben	enger	zarter	piepen	schlanker

b Ergänze die fehlenden Buchstaben g/k, b/p, d/t.

Louis lie___t seinen programmierten Roboter Bodi. Er sprin___t morgens, wenn es noch kal___ und dämmri___ ist, blitzschnell in die Garage, um ihm seinen bran___neuen Tre___roller zu holen. Mit diesem fe___t Louis über die holprigen Wal___böden bis zur Schule. Wenn der Win___ besonders star___ to___t, flie___t Bodi Louis auch über die Fel___wege.

c Streiche die Fehler durch. Schreibe den Text verbessert auf.

Unser Urlaup war richtik schön! Doch auf dem Rückwek
bemergten wir die Katastrophe! Das Handy meines Vaters
war verschwunden! Wir waren uns sicher,
dass wir es vor lauter Zeiddruck am Strant
vergessen haben mussten!
Also kehrten wir um. Das war richtig nervik!

Ich kann die Strategie Verlängern für die Rechtschreibung nutzen.

- Rechtschreibstrategie anwenden: verlängern
- eigenen Lernerfolg reflektieren

- KV Fö/FO

Ich-Botschaften in einem Streit verwenden

1 Was ist passiert? Erzählt.

Kann ich euch helfen?

2 Mit welchen Aussagen könnte der Streitschlichter den Kindern helfen? Markiere.

Niemand wird beschimpft.

Sage dem anderen Kind, worüber du dich geärgert hast.

Das werde ich deiner Lehrerin erzählen.

Du darfst dir nichts gefallen lassen!

Sage immer zuerst, was du selbst getan hast.

Höre dem anderen Kind zu.

Welche Lösung könnt ihr euch vorstellen?

3 Wie erklären die Kinder den Streit aus ihrer Sicht? Schreibe die Sätze als **Ich**-Botschaften auf.

Durch Ich-Botschaften fühlt sich das andere Kind nicht so angegriffen.

Ich wollte eigentlich nur ...

Ich bin wütend, weil ...

____

____

- streitschlichtende Äußerungen kennen
- sich durch Ich-Botschaften in einem Streit deeskalierend verhalten

· 91

Den Ablauf einer Streitschlichtung kennen

1 Bringe die Karten zur Streitschlichtung in eine sinnvolle Reihenfolge. Nummeriere sie. Schreibe sie auf.

- ◯ Jeder sagt, was er selbst getan hat. (als Ich-Botschaft)
- ◯ Jeder sagt, worüber er sich geärgert hat. (als Ich-Botschaft)
- ① Wir erzählen nacheinander, was passiert ist.
- ◯ Was wünschst du dir vom anderen? Was bist du bereit, zu tun?
- ◯ Wir treffen eine Vereinbarung, die beide einhalten wollen.

Du kannst ein Hosentaschenbuch zum Ablauf der Streitschlichtung erstellen.

2 Warum ist ein geregelter Ablauf bei der Streitschlichtung sinnvoll?

Ohne eine Reihenfolge … Der Ablauf hilft … Damit wir uns …
Es ist wichtig, zuerst … Es wichtig, dass … Es ist gut, zum Schluss …

Fit durch den Herbst

1 Schreibe die Verben in der Grundform und in allen Zeitformen auf.

Grundform (Infinitiv)	Gegenwart (Präsens)	einfache Vergangenheit (Präteritum)	zusammengesetzte Vergangenheit (Perfekt)
bauen	ich baue	ich	ich habe
rufen	du		
lesen	er		
können	sie		

2 Ergänze die Aufforderungsform an eine Person.

Öffne ______ die Tür. (öffnen) ______ die Blumen. (gießen)

______ den Tisch. (decken) ______ den Schlüssel. (suchen)

3 Immer ein Adjektiv passt nicht. Streiche es durch.

lecker rund köstlich schmackhaft appetitlich

kühl frostig eisig kalt schnell

lustig riesig groß gigantisch hoch

klug intelligent schlau genervt gebildet

4 Setze passende Pronomen ein.

Ich habe ein neues Lineal. Das ist mein ______ Lineal.

Du hast bald Geburtstag. Das ist ______ Geburtstag.

Sie hat ein neues Shirt. Es ist ______ Shirt.

Wir haben eine Küche. Es ist ______ Küche.

Ihr habt eine gute Idee. Es ist ______ Idee.

· Inhalte aus Heft A wiederholen: Zeitformen, Aufforderungsform, Wortfelder und Pronomen

Fit durch den Herbst

1 Bilde Nomen mit den Wortbausteinen **-nis**, **-schaft**, **-tum**.

bereit irren ergeben reich gefangen gestanden altern erleben wissen

-nis: ______________________

-schaft: ______________________

-tum: ______________________

2 Unterstreiche die wörtliche Rede. Ergänze die Satzzeichen in den Sätzen.

Kommst du heute zum Training fragt Ella
Das kann ich noch nicht sagen antwortet Ole
Dann ruf mich an erwidert Ella
Mach ich verspricht Ole

3 Setze die fehlenden Kommas.

Zum Geburtstag kommen Alma Nicki Ilkay und Ali.
Es gibt Kekse Torte Schlagsahne mit Streusel und Eiscreme.
Jule verteilt Schokolade Bonbons Kaugummis und Lakritz.

4 Verlängere die Wörter. Markiere den richtigen Buchstaben.

Aben$^{d}_{t}$	– Abende	frem$^{d}_{t}$	– ______
Mitta$^{g}_{k}$	– ______	klu$^{g}_{k}$	– ______
Urlau$^{b}_{p}$	– ______	gel$^{b}_{p}$	– ______
Wan$^{d}_{t}$farbe	– ______	Zwer$^{g}_{k}$kaninchen	– ______

· Inhalte aus Heft A wiederholen: Wortbausteine, wörtliche Rede, Kommasetzung, Verlängern

Wörter

Wörter bestehen aus Buchstaben:
Vokale (Selbstlaute) und **Konsonanten** (Mitlaute).
Silben sind Teile von Wörtern. Manche Wörter haben nur eine Silbe.
Wörter können zwischen den Silben **getrennt** werden.

Wörter mit demselben **Wortstamm** gehören zu einer **Wortfamilie**.
erklettern klettern Kletterer
Manchmal verändert sich der Wortstamm leicht.
Hochseil höher erhöhen

An einen Wortstamm kann man
Wortbausteine anfügen.

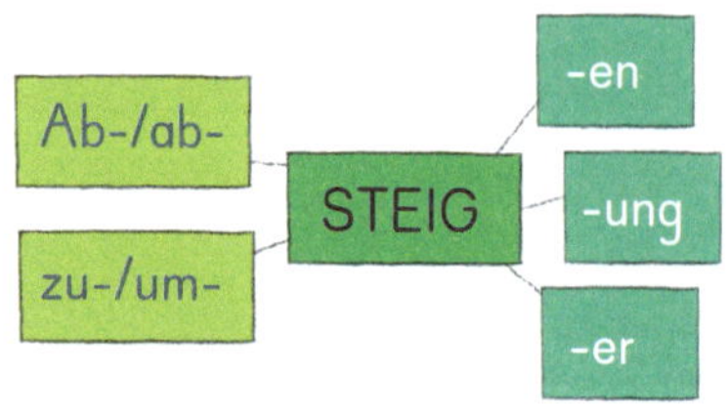

Adjektive

Adjektive geben an, **wie** etwas ist.
Viele Adjektive haben **Vergleichsstufen**.

Verben

Verben geben an, was jemand **tut** oder was **geschieht**.
Sie haben eine **Grundform** (Infinitiv) und **Personalformen**.
Bei den Personalformen verändern sich die Verben.

Verben zeigen die Zeit an, in der etwas geschieht.
Verben können in der **Gegenwart** (Präsens)
und in verschiedenen Vergangenheitsformen stehen.
Beim Sprechen verwendet man häufig
die **zusammengesetzte Vergangenheit** (Perfekt).
Beim Schreiben verwendet man häufig
die **einfache Vergangenheit** (Präteritum).

Die **Zukunftsform** (Futur) beschreibt,
was passieren kann oder wird.

· grundlegende sprachliche Begriffe kennen

Nomen

Nomen sind **Namen** für Menschen, Tiere, Pflanzen und Dinge und auch Namen, die Gedanken, Ideen, Gefühle und Zustände bezeichnen.
Nomen gibt es in der **Einzahl** (Singular) und in der **Mehrzahl** (Plural).

Nomen können einen **Artikel** haben.
Es gibt **bestimmte Artikel**: der, die, das.
Es gibt **unbestimmte Artikel**: ein, eine.

Nomen schreibt man **groß**.
Vor jedes Nomen kann man ein Adjektiv setzen.
Wörter mit den Wortbausteinen **-ung, -heit, -keit, -nis, -schaft, -tum** am Wortende sind Nomen.

Nomen kann man zusammensetzen.
Mit **zusammengesetzten Nomen** kann man sich genauer ausdrücken.
Das erste Wort ist das **Bestimmungswort**, das zweite Wort das **Grundwort**.
Der Artikel richtet sich nach dem Grundwort.

der Regen + die Jacke
die Regenjacke

Nomen können in vier **Fällen** stehen:

Wer-oder-was-Fall (Nominativ)	Wessen-Fall (Genitiv)	Wem-Fall (Dativ)	Wen-Fall (Akkusativ)
der Trainer	des Trainers	dem Trainer	den Trainer
die Brücke	der Brücke	der Brücke	die Brücke
das Seil	des Seils	dem Seil	das Seil

Im Wer-oder-was-Fall kann man am Artikel erkennen, ob das Nomen männlich, weiblich oder sächlich ist.

Fachwörter

Satzglieder

Satzglieder sind **Teile eines Satzes**. Man erkennt sie durch **Umstellen**.

| Die Klasse 4 | fährt | heute | in den Klettergarten. |
| In den Klettergarten | fährt | heute | die Klasse 4. |

Das Satzglied, das auf die Frage **Wer oder was ...?** antwortet, ist das **Subjekt**.

die Klasse 4

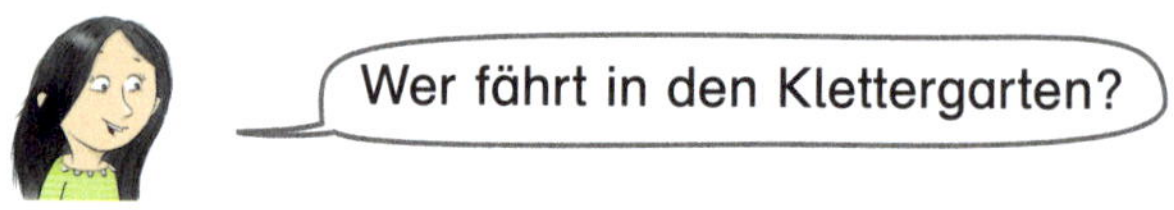

Das Satzglied, das auf die Frage **Was tut/tun ...?** antwortet, ist das **Prädikat**.

sie fährt

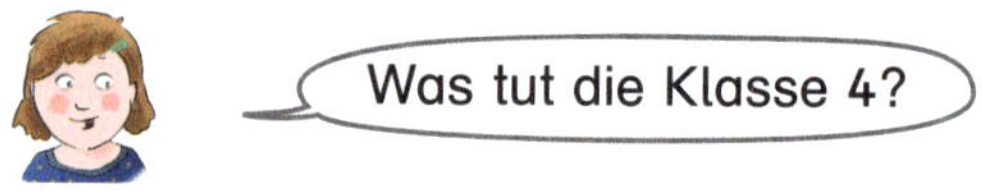

Das Satzglied, das auf die Frage **Wen oder was ...?** antwortet, ist die **Wen-oder-was-Ergänzung** (Akkusativ-Objekt).

die Kinder

Das Satzglied, das auf die Frage **Wem ...?** antwortet, ist die **Wem-Ergänzung** (Dativ-Objekt).

dem Trainer

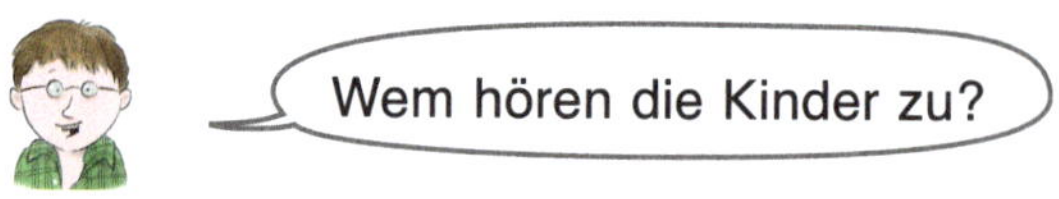

Die **Ortsergänzung** informiert über Orte. Sie antwortet auf die Fragen **Wo ...? Woher ...? Wohin ...?**.

in den Klettergarten

Die **Zeitergänzung** informiert über Zeiten. Sie antwortet auf die Fragen **Wann ...? Wie oft/lange ...? Seit wann ...?**.

heute

· grundlegende sprachliche Begriffe kennen

Sätze und Satzzeichen

Jörn klettert.

Am Ende eines Satzes steht ein **Satzzeichen**.
Am Ende eines **Aussagesatzes** steht ein **Punkt**.

Am Ende einer **Frage** steht ein **Fragezeichen**.

Nach **Ausrufen** und **Aufforderungen** steht oft ein **Ausrufezeichen**.

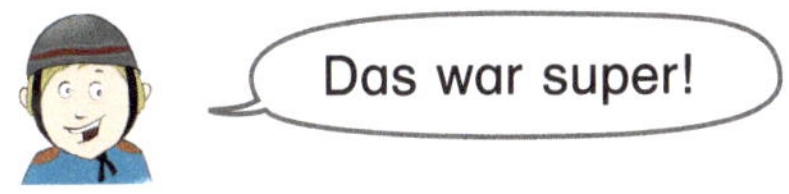

Das erste Wort im Satz schreibt man **groß**.

Zwischen Wörtern, die etwas **aufzählen**, werden **Kommas** gesetzt.
Zum Klettern brauchst du feste Schuhe, einen Helm, Gurte und Karabinerhaken.

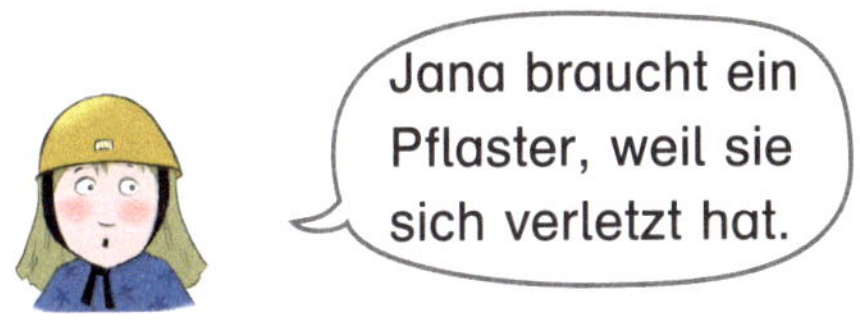

Sätze kann man mit einem **Bindewort** verbinden.
Vor dem Bindewort steht ein **Komma**.

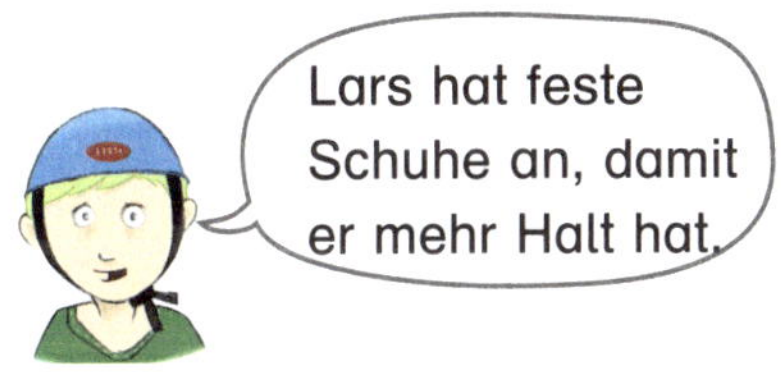

Was jemand spricht, nennt man **wörtliche Rede**.
Im **Begleitsatz** steht, wer spricht und wie gesprochen wird.
Der Trainer sagt: „Willkommen im Klettergarten."

Satzzeichen bei der wörtlichen Rede:

	Begleitsatz	:	„		wörtliche Rede	. ? !	“
„	wörtliche Rede (Aussage)		“	,	Begleitsatz	.	
„	wörtliche Rede (Frage)	?	“	,	Begleitsatz	.	
„	wörtliche Rede (Ausruf/Aufforderung)	!	“	,	Begleitsatz	.	

Der Trainer erklärt: „Dies hier ist unser Einstiegsparcours.“
„Den muss jedes Kind einmal durchklettern“, sagt er.
„Seid ihr bereit?“, fragt die Lehrerin.
„Ja!“, rufen die Kinder.

· grundlegende sprachliche Begriffe kennen

A a

der **Abschied**, die Abschiede
abfahren, er fährt ab, er fuhr ab, er ist abgefahren
abschreiben, er schreibt ab, er schrieb ab, er hat abgeschrieben
abstellen, sie stellt ab, sie stellte ab, sie hat abgestellt
adressieren, er adressiert, er adressierte, er hat adressiert
ähneln, sie ähnelt, sie ähnelte, sie hat geähnelt
alle
das **Alphabet**, die Alphabete
alt, älter, am ältesten
die **Altstadt**, die Altstädte
am
ankommen, sie kommt an, sie kam an, sie ist angekommen
die **Anschaffung**, die Anschaffungen
sich **anstellen**, er stellt sich an, er stellte sich an, er hat sich angestellt
die**Anweisung**, die Anweisungen
die **Apotheke**, die Apotheken
der **Äquator**
außen
außerdem

B b

backen, er bäckt, er buk, er hat gebacken
der **Ball**, die Bälle
die **Bank**, die Bänke
der **Bär**, die Bären
der **Baum**, die Bäume
beenden, er beendet, er beendete, er hat beendet
befehlen, sie befehlt, sie befahl, sie hat befohlen
beginnen, es beginnt, es begann, es hat begonnen
die **Begleitung**, die Begleitungen
begrüßen, sie begrüßt, sie begrüßte, sie hat begrüßt
beinahe
beißen, es beißt, es biss, es hat gebissen
belohnen, er belohnt, er belohnte, er hat belohnt
die **Belohnung**, die Belohnungen
bemerken, sie bemerkt, sie bemerkte, sie hat bemerkt
die **Bereitschaft**
beschließen, sie beschließt, sie beschloss, sie hat beschlossen
der **Beutel**, die Beutel
bevor
der **Bewohner**, die Bewohner
der **Blick**, die Blicke
blind
der **Blitz**, die Blitze
der **Block**, die Blöcke
blühen, es blüht, es blühte, es hat geblüht
die **Botschaft**, die Botschaften
brandneu
das **Brauchtum**, die Brauchtümer
braun
bringen, sie bringt, sie brachte, sie hat gebracht
der **Brotlaib**, die Brotlaibe
der **Bruder**, die Brüder
buchstabieren, er buchstabiert, er buchstabierte, er hat buchstabiert
sich **bücken**, sie bückt sich, sie bückte sich, sie hat sich gebückt

C c

das **Cello**, die Cellos (die Celli)
der **Cent**, die Cent(s)
chatten, er chattet, er chattete, er hat gechattet
der **Clown**, die Clowns
der **Comic**, die Comics
der **Computer**, die Computer
die **Cornflakes** (Pluralwort)
der **Cowboy**, die Cowboys
die **Currywurst**, die Currywürste

D d

danken, sie dankt, sie dankte, sie hat gedankt
darum
davor
die **Decke**, die Decken
dehnen, er dehnt, er dehnte, er hat gedehnt
dein
deine
dekorieren, sie dekoriert, sie dekorierte, sie hat dekoriert
denken, er denkt, er dachte, er hat gedacht
der **Detektiv**, die Detektive
der **Dieb**, die Diebe
die **Dose**, die Dosen
draußen
drehen, sie dreht, sie drehte, sie hat gedreht
dreißig
drohen, er droht, er drohte, er hat gedroht
dürfen, er darf, er durfte, er hat gedurft

E e

ehrlich, ehrlicher, am ehrlichsten
eigenes
das **Eigentum**, die Eigentume
einstellig
das **Eis** (Pluralwort)
emotional, emotionaler, am emotionalsten
empfehlen, sie empfiehlt, sie empfahl, sie hat empfohlen
das **Ende**
das **Endergebnis**, die Endergebnisse
der **Endlauf**
endlich
endlos
die **Endnote**, die Endnoten
der **Endpunkt**, die Endpunkte
das **Endspiel**, die Endspiele
der **Endspurt**
die **Endstation**, die Endstationen
die **Endung**, die Endungen
entdecken, er entdeckt, er entdeckte, er hat entdeckt
die **Entfernung**, die Entfernungen
entscheiden, sie entscheidet, sie entschied, sie hat entschieden
die **Entschuldigung**, die Entschuldigungen
die **Erbschaft**, die Erbschaften
das **Ereignis**, die Ereignisse
ergänzen, er ergänzt, er ergänzte, er hat ergänzt
das **Ergebnis**, die Ergebnisse
erkältet
die **Erkältung**, die Erkältungen
die **Erlaubnis**, die Erlaubnisse
das **Erlebnis**, die Erlebnisse
erledigen, er erledigt, er erledigte, er hat erledigt
essen, er isst, er aß, er hat gegessen
das **Essen**, die Essen
die **Etage**, die Etagen
euer
experimentieren, sie experimentiert, sie experimentierte, sie hat experimentiert

F f

die **Fähigkeit**, die Fähigkeiten
das **Fahrrad**, die Fahrräder
die **Fahrt**, die Fahrten
fallen, es fällt, es fiel, es ist gefallen
fangen, er fängt, er fing, er hat gefangen
fehlen, es fehlt, es fehlte, es hat gefehlt
der **Fehler**, die Fehler
fehlerhaft
die **Finsternis**
der **Fleck**, die Flecken
fleißig, fleißiger, am fleißigsten
fliegen, er fliegt, er flog, er ist geflogen
fliehen, sie flieht, sie floh, sie ist geflohen
fließen, es fließt, es floss, es ist geflossen
der **Floh**, die Flöhe
das **Floß**, die Flöße
der **Fluss**, die Flüsse
das **Fohlen**, die Fohlen
der **Föhn**, die Föhne
fotografieren, sie fotografiert, sie fotografierte, sie hat fotografiert
fragen, er fragt, er fragte, er hat gefragt
fremd
der **Freund**, die Freunde
froh, froher, am frohesten
der **Froschlaich**
führen, sie führt, sie führte, sie hat geführt
funktionieren, es funktioniert, es funktionierte, es hat funktioniert
der **Fuß**, die Füße

G g

gähnen, sie gähnt, sie gähnte, sie hat gegähnt
ganz
die **Garage**, die Garagen
das **Gebäude**, die Gebäude
geben, er gibt, er gab, er hat gegeben
der **Geburtstag**, die Geburtstage
die **Gefahr**, die Gefahren
gefährlich, gefährlicher, am gefährlichsten
das **Gefängnis**, die Gefängnisse
das **Geheimnis**, die Geheimnisse
gehen, sie geht, sie ging, sie ist gegangen
das **Geländer**, die Geländer
gemeinsam
genießen, er genießt, er genoss, er hat genossen
das **Gepäck**
das **Gerät**, die Geräte
die **Gesellschaft**
das **Getränk**, die Getränke
das **Gewächs**, die Gewächse
gewinnen, er gewinnt, er gewann, er hat gewonnen
das **Gewitter**, die Gewitter
gießen, es gießt, es goss, es hat gegossen
die **Gitarrensaite**, die Gitarrensaiten
das **Glas**, die Gläser
glatt, glatter, am glattesten
glauben, sie glaubt, sie glaubte, sie hat geglaubt
graben, er gräbt, er grub, er hat gegraben
das **Graffiti**, die Graffitis
das **Gras**, die Gräser
gratulieren, sie gratuliert, sie gratulierte, sie hat gratuliert
groß, größer, am größten
der **Gruß**, die Grüße
gucken, sie guckt, sie guckte, sie hat geguckt

H h

haben, er hat, er hatte, er hat gehabt
der **Hai**, die Haie
die **Haltestelle**, die Haltestellen
die **Haltung**, die Haltungen
das **Handy**, die Handys
hängen, es hängt, es hing, es hat gehangen
häufig
die **Hauptstadt**, die Hauptstädte
das **Haus**, die Häuser
die **Haut**, die Häute
das **Heiligtum**, die Heiligtümer
heißen, sie heißt, sie hieß, sie hat geheißen
die **Heiterkeit**
heizen, er heizt, er heizte, er hat geheizt
hell, heller, am hellsten
die **Herrschaft**
hier
das **Hindernis**, die Hindernisse
die**Hitze** (Pluralwort)
hoch, höher, am höchsten
die **Höhle**, die Höhlen
hören, sie hört, sie hörte, sie hat gehört
die **Hose**, die Hosen
das **Huhn**, die Hühner
die **Hummel**, die Hummeln
der **Hund**, die Hunde
hupen, er hupt, er hupte, er hat gehupt

I i

ihn
ihr, ihre
im
in
informieren, er informiert, er informierte, er hat informiert
das **Internet**
das **Interview**, die Interviews
inzwischen
der **Irrtum**, die Irrtümer

J j

die **Jacke**, die Jacken
das **Jahr**, die Jahre
jetzt
die **Jury**, die Jurys

K k

der **Käfer**, die Käfer
der **Käfig**, die Käfige
der **Kaiser**, die Kaiser
kämmen, sie kämmt, sie kämmte, sie hat gekämmt
kassieren, er kassiert, er kassierte, er hat kassiert
die **Katastrophe**, die Katastrophen
die **Klasse**, die Klassen
klingen, es klingt, es klang, es hat geklungen
klug, klüger, am klügsten
kommen, sie kommt, sie kam, sie ist gekommen
können, er kann, er konnte, er hat gekonnt
krächzen, es krächzt, es krächzte, es hat gekrächzt
die **Krähe**, die Krähen
kratzen, sie kratzt, sie kratzte, sie hat gekratzt
kreativ, kreativer, am kreativsten
der **Krug**, die Krüge
die **Kuh**, die Kühe
kühl, kühler, am kühlsten
das **Küken**, die Küken

L l

laden, es lädt, es lud, es hat geladen
der **Laie**, die Laien
der/das **Laptop**, die Laptops
der **Lärm**
lärmen, es lärmt, es lärmte, es hat gelärmt
lärmend
lassen, er lässt, er ließ, er hat gelassen

laufen, sie läuft, sie lief, sie ist gelaufen
lecker, leckerer, am leckersten
der **Lehm**
die **Lehne**, die Lehnen
der **Lehrer**, die Lehrer
lesen, sie liest, sie las, sie hat gelesen
lieben, er liebt, er liebte, er hat geliebt
das **Lied**, die Lieder
liegen, sie liegt, sie lag, sie hat gelegen
loben, er lobt, er lobte, er hat gelobt
das **Los**, die Lose

M m

das **Mädchen**, die Mädchen
mähen, sie mäht, sie mähte, sie hat gemäht
der **Mai**
der **Mais**
man
die **Mannschaft**, die Mannschaften
markieren, sie markiert, sie markierte, sie hat markiert
der **März**
das **Mehl**
mein
merken, er merkt, er merkte, er hat gemerkt
messen, sie misst, sie maß, sie hat gemessen
mir
mit
möglichst
der **Monat**, die Monate
der **Mond**, die Monde
das **Mountainbike**, die Mountainbikes
die **Mücke**, die Mücken
müssen, er muss, er musste, er hat gemusst
mutig, mutiger, am mutigsten

N n

nachdem
nah, näher, am nächsten
die **Nähe**
die **Naht**, die Nähte
neben
nehmen, er nimmt, er nahm, sie hat genommen
das **Nest**, die Nester
niesen, er niest, er nieste, er hat geniest
nummerieren, sie nummeriert, sie nummerierte, sie hat nummeriert
nun
nur
nutzen, er nutzt, er nutzte, er hat genutzt

O o

obwohl
der **Ofen**, die Öfen
offen
ohne
Olympia
operieren, sie operiert, sie operierte, sie hat operiert
organisieren, er organisiert, er organisierte

P p

packen, sie packt, sie packte, sie hat gepackt
die **Physik**
piepen, es piept, es piepte, es hat gepiept
präsentieren, sie präsentiert, sie präsentierte, sie hat präsentiert
probieren, er probiert, er probierte, er hat probiert
putzen, sie putzt, sie putzte, sie hat geputzt

Qu qu

quaken, es quakt, es quakte, es hat gequakt

R r

der **Rahmen**, die Rahmen
ratlos
rauben, er raubt, er raubte, er hat geraubt
räumen, sie räumt, sie räumte, sie hat geräumt
sich **räuspern**, er räuspert sich, er räusperte sich, er hat sich geräuspert
das **Reh**, die Rehe
der **Reichtum**, die Reichtümer
reizen, sie reizt, sie reizte, sie hat gereizt
reparieren, sie repariert, sie reparierte, sie hat repariert
der **Rock**, die Röcke
die **Ruhe**
rühren, sie rührt, sie rührte, sie hat gerührt

S s

die **Säge**, die Sägen
sagen, er sagt, er sagte, er hat gesagt
die **Sahne** (Pluralwort)
sammeln, sie sammelt, sie sammelte, sie hat gesammelt
saugen, er saugt, er saugte, er hat gesaugt
die **Säule**, die Säulen
der **Schatten**, die Schatten
der **Schatz**, die Schätze
schick, schicker, am schicksten
schicken, er schickt, er schickte, er hat geschickt
schlafen, sie schläft, sie schlief, sie hat geschlafen
schläfrig, schläfriger, am schläfrigsten
schließen, er schließt, er schloss, er hat geschlossen
schmecken, es schmeckt, es schmeckte, es hat geschmeckt
schnell, schneller, am schnellsten
schnitzen, sie schnitzt, sie schnitzte, sie hat geschnitzt
schön, schöner, am schönsten
der **Schuh**, die Schuhe
die **Schuld** (Pluralwort)
die **Schule**, die Schulen
schwimmen, sie schwimmt, sie schwamm, sie ist geschwommen
sehen, er sieht, er sah, er hat gesehen
sehr
sein, seine
sein, ich bin, du bist, er/sie/es ist, wir sind, ihr seid, sie sind, ich war, du warst, er/sie/es war, wir waren, ihr wart, sie waren, ich bin gewesen
die **Seltenheit**
senden, gesandt
sich **setzen**, sie setzt sich, sie setzte sich, sie hat sich gesetzt
Silvester
der **Sitz**, die Sitze
sitzen, sie sitzt, sie saß, sie hat gesessen
spät, später, am spätesten
spätestens
der **Spatz**, die Spatzen

der **Spiegel**, die Spiegel
der **Stab**, die Stäbe
die **Stadt**, die Städte
stadtbekannt
städtisch
staubig, staubiger, am staubigsten
stecken, er steckt, er steckte, er hat gesteckt
stehen, es steht, es stand, es hat gestanden
stehlen, er stiehlt, er stahl, er hat gestohlen
steigen, sie steigt, sie stieg, sie ist gestiegen
steuern, sie steuert, sie steuerte, sie hat gesteuert
stinken, es stinkt, es stank, es hat gestunken
der **Strauß**, die Sträuße
streiten, er streitet, er stritt, er hat gestritten
die **Strophe**, die Strophen
das **Stück**, die Stücken
stützen, er stützt, er stützte, er hat gestützt
surfen, sie surft, sie surfte, sie hat/ist gesurft
süß, süßer, am süßesten
das **Symbol**, die Symbole

T t

das **Tablet**, die Tablets
der **Tag**, die Tage
täglich
der **Taifun**, die Taifune
das **Theater**, die Theater
der **Toaster**, die Toaster
toben, er tobt, er tobte, er hat getobt
trainieren, sie trainiert, sie trainierte, sie hat trainiert
die **Träne**, die Tränen
treffen, er trifft, er traf, er hat getroffen
der **Treibstoff**, die Treibstoffe
der **Triumph**, die Triumphe
trotzdem
das **T-Shirt**, die T-Shirts

U u

über
um
umfahren
der **Umweltschutz**
unendlich
ungefähr
ungekämmt
unsere
unter
unterwegs

V v

die **Vanille**
die **Vase**, die Vasen
das **Verbot**, die Verbote
verbieten, er verbietet, er verbot, er hat verboten
vergessen, er vergisst, er vergaß, er hat vergessen
das **Verhältnis**, die Verhältnisse
verreisen, er verreist, er verreiste, er ist verreist
verschlafen, sie verschläft, sie verschläft, sie hat verschlafen
sich **verspäten**, er verspätet sich, er verspätete sich, er hat sich verspätet
das **Verständnis**
die **Verwandtschaft**
verwandt
der **Verwandte**, die Verwandten
viel, mehr, am meisten
viele
vielleicht
die **Villa**, die Villen
der **Virus**, die Viren
der **Vogel**, die Vögel
vollständig
von
vor
vorne
die **Vorsicht**
vorsichtig, vorsichtiger, am vorsichtigsten
die **Vorstellung**, die Vorstellungen
der **Vulkan**, die Vulkane

W w

das **Wachstum**
wählen, sie wählt, sie wählte, sie hat gewählt
wahr
während
die **Wanderschaft**
der **Weg**, die Wege
die **Welt**
wickeln, er wickelt, er wickelte, er hat gewickelt
wiegen, es wiegt, es wog, es hat gewogen
die **Wildnis**
wissen, sie weiß, sie wusste, sie hat gewusst
die **Wissenschaft**, die Wissenschaften
der **Witz**, die Witze
wohnen, sie wohnt, sie wohnte, sie hat gewohnt
die **Wohnung**, die Wohnungen
wollen, er will, er wollte, er hat gewollt

X x

das **Xylofon**, die Xylofone

Y y

die **Yacht**, die Yachten
das **Yak**, die Yaks

Z z

die **Zahl**, die Zahlen
zähmen, sie zähmt, sie zähmte, sie hat gezähmt
der **Zeh**, die Zehen
zeigen, er zeigt, er zeigte, er hat gezeigt
das **Zeugnis**, die Zeugnisse
ziehen, sie zieht, sie zog, sie hat gezogen
das **Ziel**, die Ziele
das **Zimmer**, die Zimmer
der **Zug**, die Züge
zuhören, sie hört zu, sie hörte zu, sie hat zugehört
zusammen

Kompetenzübersicht: Teil A

Themen-Kapitel	Sprechen und Zuhören	Schreiben: Texte verfassen	Schreiben: Richtig schreiben	Sprache untersuchen	Lesen – mit Texten und Medien umgehen
Willkommen in Klasse 4 Heft A S. 4–5		spielerisch und im Austausch Textideen entwickeln, eine Anleitung aufschreiben und umsetzen **4**		über Bildungs- und Alltagssprache reflektieren, Operatoren kennen und verstehen **5**	
Wo wir leben Heft A S. 6–23	Bilder genau beschreiben, Gefühle und persönliche Interessen ausdrücken und erklären **6**; Sprechbeiträge begründet einschätzen, Kriterien anschaulichen Erzählens kennen und anwenden **7**	verschiedene Textsorten kennen, interessegeleitet eine Textsorte wählen und funktionsgerecht schreiben **8**; verschiedene Präsentationsformen kennen, sich über Vor- und Nachteile austauschen, begründet Präsentationsform auswählen **9**	grammatisches Wissen für Großschreibung nutzen: Nomen mit den Wortbausteinen -nis, -schaft, -tum **15, 23**; Nomen großschreiben, verschiedene Nomenproben kennen **16, 17**; rechtschreibwichtige und individuelle Fehlerwörter normgerecht schreiben, Übungsformen selbstständig nutzen **18**; Lern- und Arbeitstechniken nutzen, methodisch sinnvoll abschreiben, Wörter des Grundwortschatzes **19, 20**; eigenen Lernerfolg reflektieren **23**	grundlegende Begriffe kennen: Verben, Grundformen und Zeitformen **10, 11, 21**; Satzarten und Fachbegriffe kennen: Aufforderungsform (Imperativ), Satzstruktur erkennen und anwenden **12, 22**; Gemeinsamkeiten und Unterschiede von Sprachen untersuchen (Dialekte), Bedeutung einzelner Wörter beschreiben **13**; Mehrzahlbildungen, Wörtersammlung nach grammatischen Gesichtspunkten **14**; eigenen Lernerfolg reflektieren **21, 22**	Erklärvideos und interaktive Übungen nutzen **8, 10–17**
Heldenhafte Superkräfte Heft A S. 24–41	Beobachtungen wiedergeben, eigene Interessen und Gefühle beschreiben, austauschen und präsentieren **24**; Interview planen und durchführen, Zuhörstrategien nutzen, gehörte Informationen notieren, strukturieren **25**; Begründungen und Erklärungen geben **29, 31**	Wirkung sprachlicher Mittel reflektieren, wörtliche Rede mit Begleitsatz korrekt in Texten verwenden **26**; Erzähltext kriterienorientiert prüfen und überarbeiten, Text strategiegeleitet verfassen **27**; Texte orthografisch und sprachlich prüfen und überarbeiten, Fachbegriffe und Korrekturzeichen kennen **28**; kriteriengeleitet zu Texten in Schreibkonferenz beraten **29**	Regeln der Zeichensetzung beachten: bei wörtlicher Rede mit nachgestelltem Begleitsatz **32, 33**; Rechtschreibstrategien anwenden: mit Wortbausteinen arbeiten (Wortstamm END) **34, 41**; sprachliche Mittel kennen und mit korrekter Zeichensetzung anwenden: Komma bei Aufzählungen **35, 40**; Texte orthografisch und sprachlich prüfen, korrigieren und überarbeiten, Fachbegriffe und Korrekturzeichen kennen **36**; Lern- und Arbeitstechniken nutzen, methodisch sinnvoll abschreiben, Wörter des Grundwortschatzes **37, 38**; eigenen Lernerfolg reflektieren **40, 41**	sprachliche Mittel kennen und verwenden: wörtliche Rede mit vorangestelltem und nachgestelltem Begleitsatz **30, 31, 39**; eigenen Lernerfolg reflektieren **39**	Erklärvideos und interaktive Übungen nutzen **26, 27, 29–35**
In der Medienwelt Heft A S. 42–59	funktionsangemessen sprechen: genau beschreiben, erklären, persönliche Erfahrungen einbringen **42**; spielerisch algorithmische Sequenz planen, programmierende Sprechweise anwenden **43**	algorithmische Muster und Strukturen erkennen, nachvollziehen und reflektieren **44**; Algorithmus kriteriengeleitet überarbeiten, algorithmischen Text planen und umsetzen **45**;	Rechtschreibstrategie anwenden: Nomen und Adjektive verlängern **52**; Rechtschreibstrategie anwenden: Verben verlängern **53, 59**; sprachliche Mittel und Rechtschreibung strategisch analysieren, Übungsformen selbstständig nutzen **54**; Arbeitstechniken nutzen, methodisch sinnvoll abschreiben, Wörter des Grundwortschatzes **55, 56**; eigenen Lernerfolg reflektieren **59**	Texte sprachlich optimieren: Wortfelder kennen und nutzen, erklären und begründen **48, 49, 57**; Begründungen und Erklärungen geben, Fachbegriffe: besitzanzeigende Pronomen, sprachliche Mittel nutzen und erklären **50, 51, 58**; eigenen Lernerfolg reflektieren **57, 58**	Erklärvideos und interaktive Übungen nutzen **44, 45, 48–53**; Problemlösen und Modellieren **43–45**; Medienprojekt (Imagefilm) planen und umsetzen: Bedienen, Anwenden, Informieren, Recherchieren, Kommunizieren, Kooperieren, Analysieren, Produzieren, Präsentieren **46, 47**
Fit durch das Jahr Heft A S. 60–63	streitschlichtende Äußerungen kennen, sich durch Ich-Botschaften in einem Streit deeskalierend verhalten **60**; Ablauf eines Streitschlichtungsgesprächs kennen und merken, den Zweck der Regelhaftigkeit reflektieren **61**		Inhalte aus Heft A wiederholen: Wortbausteine, wörtliche Rede, Kommasetzung, Verlängern **63**	Inhalte aus Heft A wiederholen: Zeitformen, Aufforderungsform, Wortfelder und Pronomen **62**	Erklärvideos und interaktive Übungen nutzen **60, 61**